懶，不費力的智慧

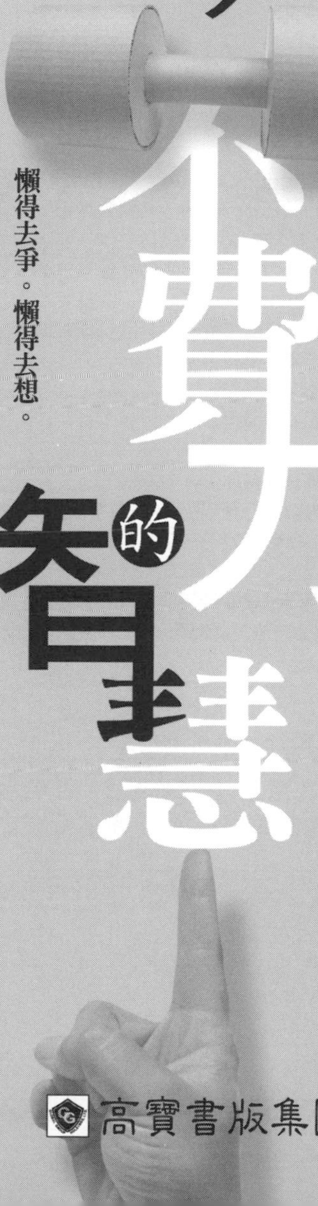

何權峰 著

懶得去爭。懶得去想。
懶得生氣。懶得抱怨。
懶得記仇。懶得追求。
懶得計較。正是一種不費力的智慧。

高寶書版集團

生活勵志 027
懶，不費力的智慧

作　　者　何權峰
編　　輯　李國祥
校　　對　李欣蓉
出 版 者　英屬維京群島商高寶國際有限公司台灣分公司
Global Group Holdings, Ltd.
聯絡地址　台北市內湖區新明路174巷15號1樓
網　　址　gobooks.com.tw
E-mail　readers@gobooks.com.tw（讀者服務部）
pr@gobooks.com.tw（公關諮詢部）
電　　話　(02) 27911197 27918621
電　　傳　出版部(02) 27955824　行銷部(02) 27955825
郵政劃撥　19394552
戶　　名　英屬維京群島商高寶國際有限公司台灣分公司
登 記 證　局版北市業字第1172號
初版日期　2006年4月
發　　行　希代書版集團發行/Printed in Taiwan

香港總經銷　全力圖書有限公司
地　　址　香港新界葵涌打磚坪街58-76號和豐工業中心1樓8室
電　　話　（852）2494-7282　傳真（852）2494-7609

國家圖書館出版品預行編目資料

懶，不費力的智慧 / 何權峰著. -- 初版.
-- 臺北市 ：高寶國際出版 ：希代發行，
2006[民95]
面； 公分. --（生活勵志 ；HL027）

ISBN 986-7088-38-7(平裝)
1. 修身 2. 生活指導

192.1　95005573

effortless
wisdom

懶得去爭。懶得去想。
懶得生氣。懶得抱怨。
懶得記仇。懶得追求。
懶得計較。正是一種不費力的智慧。

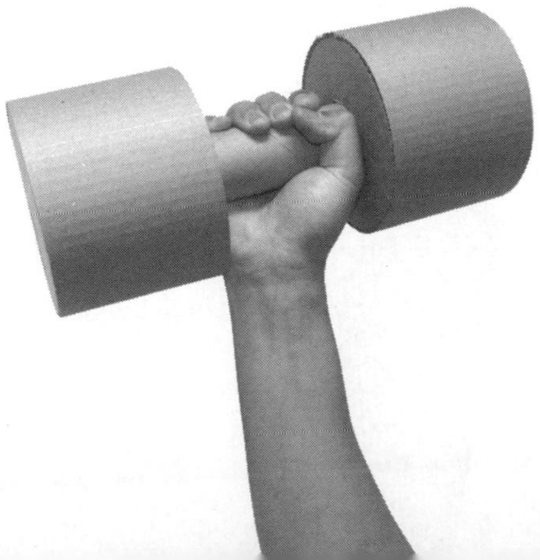

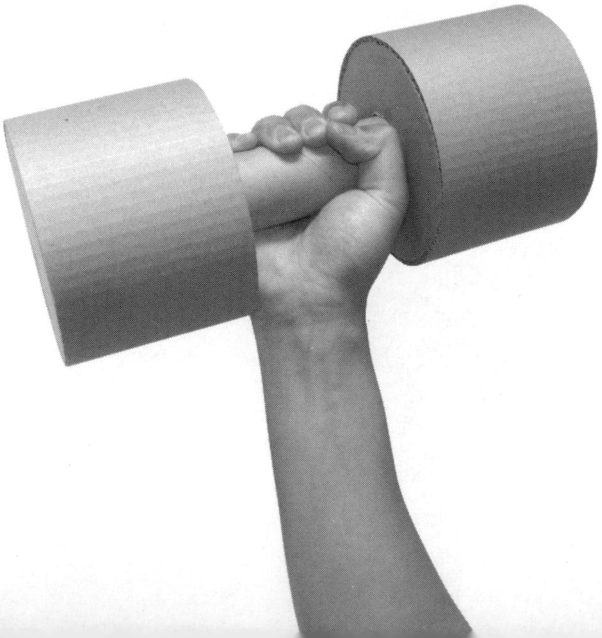

CONTENTS

II

III

IV

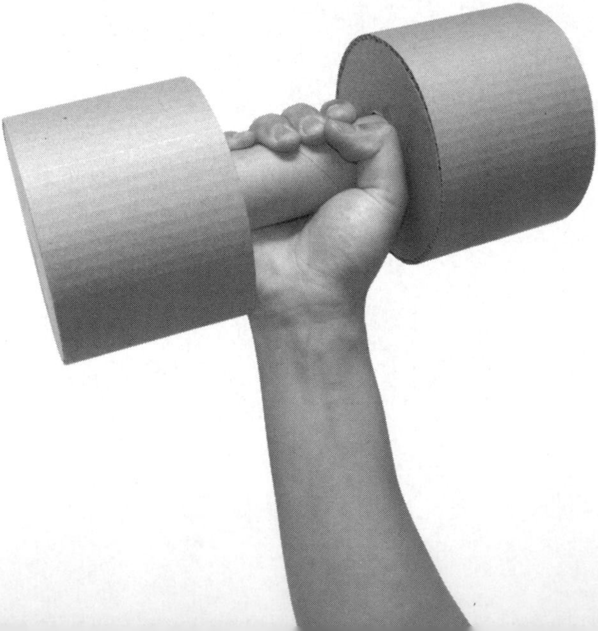

CONTENTS

V

自序

人們很難放下，因為那違反了這個競爭的社會，「懶」這個字遂成了一個被譴責的話語。

懶，真的不好嗎？正好相反。

懶得去爭。懶得去想。懶得生氣。懶得抱怨。懶得記仇。懶得追求。懶得計較……

你看，「懶」包含了多少美德和處事的智慧。懶有什麼不好？

人們認為懶不好，通常是指不認真、不努力，但卻很少思考過，太認真、太努力有什麼不好？

去看看那些不快樂的人，他們不夠賣力嗎？不，他們多半是太努力了。他們太努力於追求，太努力於擁有，太努力去要求，太努力去對抗，太努力於目標，太努力要成為什麼……太努力要更多更多，結果反而失去更多。

想想看，你的煩躁、焦慮、壓力、勞累、厭倦、患得患失……不都是因為你「太努力」造成嗎？

當你的目光直視太陽，只會感到刺眼或眼花撩亂，那麼，何不「偷個懶」輕輕閉上眼睛，讓陽光變得溫柔和煦，盡情撫摸你低垂而微醉的眼簾，賜予豐沛的熱力。

去看看大自然，小草不費力，自然萌芽茁壯；花兒不費力，自然綻放盛開；毛蟲不費力，自然羽化成蝶；鳥兒不費力，自然遨翔天空；地球不費力就能自繞旋轉。我們需要學習不費力的智慧，多一點懶，少一點努力，讓事情順其自然。

懶，不是不做，而是無為，是一種沒有作為的作為，是一種不費力的智慧。

西山　韓愈

新月迎宵掛，晴雲到晚留。為遮西望眼，終是懶回頭。

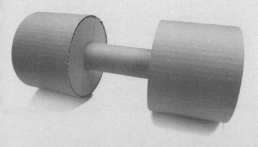

Effortless Wisdom

012

安排好好的

生命有它自己的法則，每一樣東西都安排得好好的，你只要接受，讓事物按照它本然的樣子存在；如果你加以干涉，你將陷入困難和痛苦，就像企圖逆流而上，與河流對抗的人，早晚會精疲力盡，因為你是在干涉自然。

河流自己會移動，你不需要去推動它；樹木自己會成長，你不需要去拉拔它；你不需要努力事情照樣發生，你的努力只是在表面上，但事情還是繼續在發生，即使你不努力。

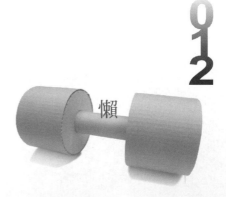

現在注意一下你的呼吸，沒有你的控制，它還是如常運作。在每天二十四小時，你呼吸兩萬三千次，你的心臟跳動十萬次，抽出四千三百加侖的血液，送到長達六十萬哩的微血管裡循環流動達一千四百五十次……你有做任何努力嗎？

當你在熟睡的時候，你認為是你在負責自己的呼吸嗎？這時是誰在幫你心跳？是誰幫你把吸入的氧氣送達你的細胞？是誰幫你新陳代謝？是你嗎？不，你在沉睡，你完全不用努力，身體就會正常運作。

在母親子宮成長的胎兒並沒有做任何事，他不需要做任何計畫，不需擔心，不需費力，一個小小的胚胎就變成了嬰兒，這就是自然。種籽變成芽，芽變成小樹，小樹變大樹，樹木長滿枝葉，然後開花結果……一切就這麼發生了！

自然意味著你不做任何事，它一樣在發生。宇宙一直按著軌道走，事情一直在進行，除非你去對抗或干預，否則一切都安排得好好的。

Effortless Wisdom

014

努力是阻礙

有時候你看到一個人，你記得他，但記不起他的名字。那個人就站在你面前，但不管你怎麼想，你就是想不起他的名字。

有時你想說某件事，但是就在你記起來要說那件事時，你突然忘了。你不禁懷疑：「我明明還記得的。」你絞盡腦汁，用力的想，可是你怎麼樣就是想不起來。

這是怎麼回事，如果你「記得」，又沒有人阻止你去想起來，為什麼你會記不起那個名字和那件事呢？原因就出在你「太努力」了，你太努力想記起來，反而記不起來，你的努力成了一種緊張，而那個緊張會變成障礙，所以即使呼之欲出，但就好像有一塊東西擋在那裡，你就是說不出來。

就這樣，最後你只好放棄了。你開始去做別的事，去聽音樂、看電視，或到外頭乘涼、散步、泡茶、拿一根煙出來抽，或你和某人聊天……突然間，那個名字不知打哪兒冒出來，就在你壓根兒忘了那件事之後，怪了，你反而想起了那件事。

就像種籽發芽一樣，有許多事不是光靠「努力」就可以達成的，事實上努力反而是阻礙，一旦阻礙消失了，突然種籽就冒出芽來。

Effortless Wisdom

016

什麼都不做

生命當中有很多事都是這樣發生，你越努力，結果就越糟。

如果你睡不著覺，你能怎麼辦？你能做任何事讓自己睡著嗎？不，如果你沒有睡意，你只能等待，你沒辦法做任何事，因為任何行動、任何努力都是違反睡眠的，那樣只會讓你更難入睡。

如果你覺得緊張，你能怎麼做？你能努力讓自己放鬆嗎？這怎麼可能，有努力就不可能放鬆，放鬆和睡眠的狀態是一樣的，你無法強迫它，當你非常放鬆睡

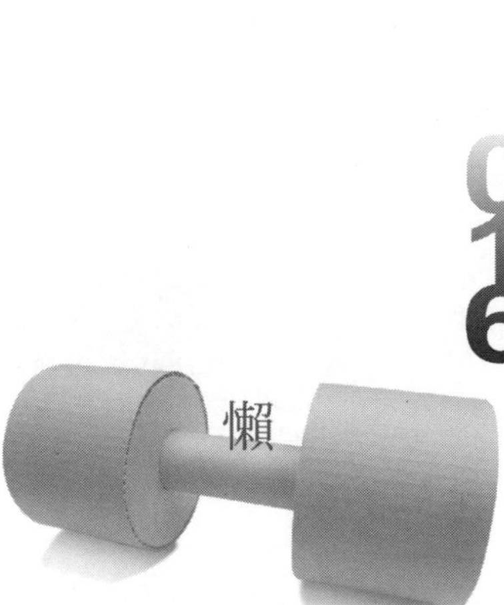

意就會來臨，而如果你強迫自己進入睡眠，你怎麼可能放鬆？

如果你覺得心煩意亂，你能怎麼樣？你能控制自己，讓心靜下來嗎？你說：「我不要心煩意亂。」但這個想控制的人是誰？這個人正是那個心煩意亂的人。所以控制是沒有用的，如果你試圖這麼做，或許可以勉強達到片刻的寧靜，但那沒有任何價值，你的內在仍然沸騰。

人們常問我：「我想寧靜，我想要放鬆，我想要睡個好覺，我該怎麼做？」我告訴他們：「唯一方式是什麼都不做，因為你越努力，結果就越糟。」

018

隨相而離相

Effortless Wisdom

如果你想靜心，就是連安靜都不該去想，就只要靜靜地坐在那裡「靜觀其變」，那樣就好。

讓自己成為旁觀者，你只是聽，聽那噪音，卻不「放在心上」；你只是看，看那情緒，卻不跟著「浮動」。不要去抗拒任何思想，相反的，放空頭腦裡面所有的思想，當所有思想排除乾淨之後，就進入靜心。

一旦你知道了那個奧祕，你就能透過這種方式讓自己「平心靜氣」，憤怒在那裡，就讓它存在；悲傷在那裡，就讓它存在；不用說：「我要停止這些思緒。」這樣你又落入同樣的思考模式；不用說：「我在靜心，走開！雜念，別來煩我！」因為當你這麼說時，你已開始心煩，你的雜念又開始浮雲紛飛。記住，那個奧祕就是靜靜地，不要做任何事。

當雜念進來，就讓它進來；當念頭離開，就讓它離開。船過水無痕，鳥飛不留影，此即「隨相而離相」。你只要按照事情本來的樣子來看它。如果它不是真實的，那麼它自然會消失，你不需要做任何努力去拋開它。

輕鬆的躺在草地仰望著天空，只是看著天空——飄流的浮雲，飄動的思緒，只是看著它們在移動，心不跟著飄動，那就是靜心。

Effortless Wisdom

春來草自青

「你為什麼能把問題『看』得如此清楚？」

「我閉上眼睛。」大師說。

「你為什麼能把問題『想』得如此透澈？」

「我停止思考。」大師說。

「你為什麼能把問題『變』得如此簡單？」

「我什麼都不做。」大師說。

020

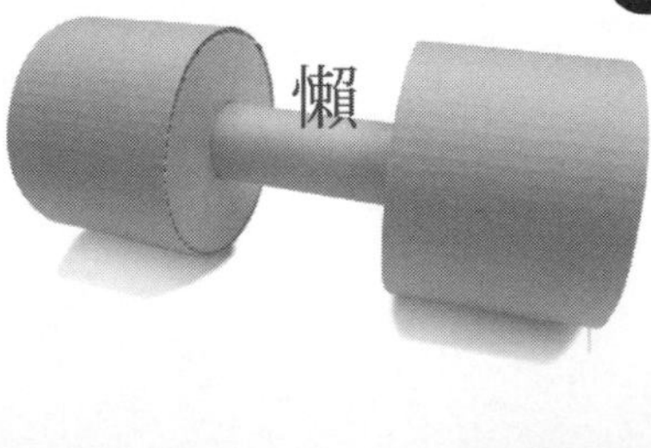

有很多人問開悟的禪師齊內林（Zenerin）說：你對你的門徒做了什麼？

他說：「我做什麼？我什麼都不做。」

他們覺得疑惑：「怎麼可能什麼都不做，你一定有在做某些事。」

齊內林說：「靜靜地做著，什麼都不做，當春天來臨，草木就自然生長。」

是的，沉靜，能帶出智慧。當你沉靜下來，你就能聽見內心真正的聲音；當你沉靜下來，你會清楚觀察到所有情緒，分辨出對你有害，讓你痛苦和給你困擾的問題；當你沉靜下來，你就能看出所有干擾你清晰思考、蒙蔽真實情感、影響你智慧判斷，以及阻礙你找到答案的問題所在。

「靜坐無所為，春來草自青。」禪家如是說。

播下種籽，然後等待。不要急，不要期待結果馬上就發生，只要耐心等候，萬事萬物會在屬於他們的季節到來。

022

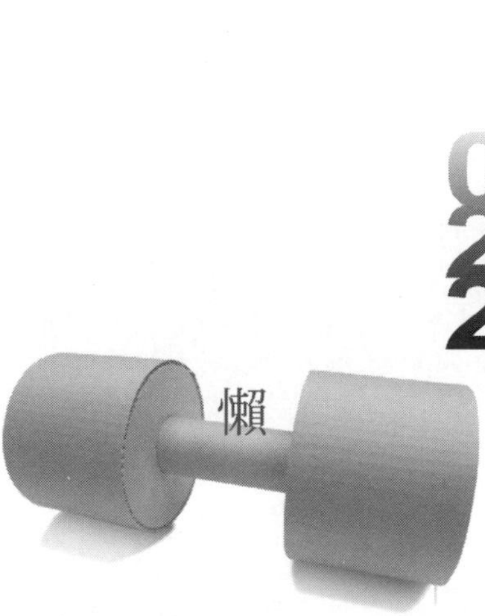

Effortless Wisdom

明心見性

有幾個老礦工，他們終日在極深的坑道中工作。有一天，礦燈竟熄滅故障了。他們在驚慌之餘，到處找出路，一陣混亂的摸索後，更弄不清楚方向，幾個人走得筋疲力竭，只好坐下休息。

其中一個就建議說：「與其這樣盲目尋找，不如坐在這裡，看看是否能感覺風的流動，因為風一定是從坑口吹來的。」

他們就在那裡坐了下來，剛開始沒有一點感覺，可是一段時間後，他們心思變得很敏銳，逐漸感受到陣陣微風輕撫臉上。他們順著風的來處，終於找到出路。

心之不安就像風中的蠟燭一樣，如果我們的思緒和情感起伏不定，那燭火必然搖曳閃爍，心思也必然紛亂；唯有當心穩定下來，燭光才能穩定；如此才能明心見性，撥雲見日，不是嗎？

路一直都在那裡，你之所以找不到，那是因為你太煩亂了，只要靜靜的坐著，只要讓心沉靜下來，你就會找到出路。

想太多

人們老喜歡想東想西，卻很少人真正了解思考是什麼東西。你所有的思考是什麼？為什麼你會左思右想？

你會左思右想，那是因為你不了解，所以才會不斷地思索，如果你已經了解，你需要去想嗎？當了解產生，思考也就消失。就好比你在黑暗中摸索，當燈打亮，就不必摸索，因為你已經看見了。

如果我在黑暗中走路，我必須思考：「哪裡有障礙物？路要怎麼走？」但是

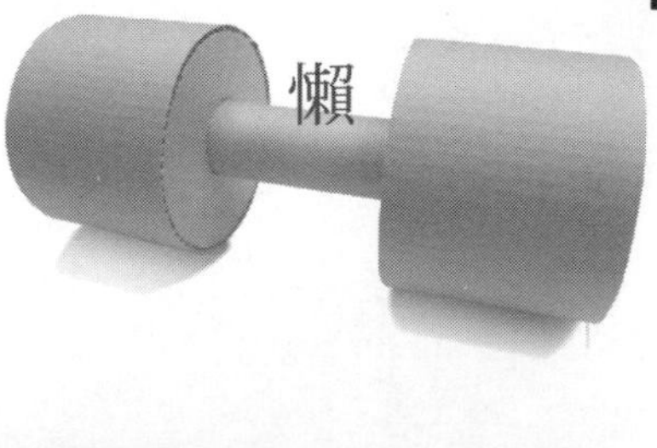

如果我看得見，有什麼好思考的？一切都很清楚，我還需要去想該怎麼走嗎？

思考就像在黑暗中摸索，你分不清楚東南西北，所以才會想東想西，猜來猜去。隨著思考，問題一個接一個出籠，但是思考不會有答案。即使有時你以為得到答案，但那也只是「以為」而已，那答案多半是不正確的。

因為那個答案來自哪裡？它來自「無知」，你並不知道真相是什麼，答案是什麼，對嗎？但是如果你不知道，你怎麼能夠思考？你如何思考你不知道的東西，你可以繼續分析、分析、又分析，你只能分析那已知的，但對於未知你要如何分析？

思考只能給你那些舊有的、重複的想法，它只能給你已經被知道，或是已經被經驗過的。如果你過分執著於思考，你將會陷在那裡。

你沒有發現嗎？有時就是因為你想太多了，反讓自己更加迷惘。

第十一頭驢

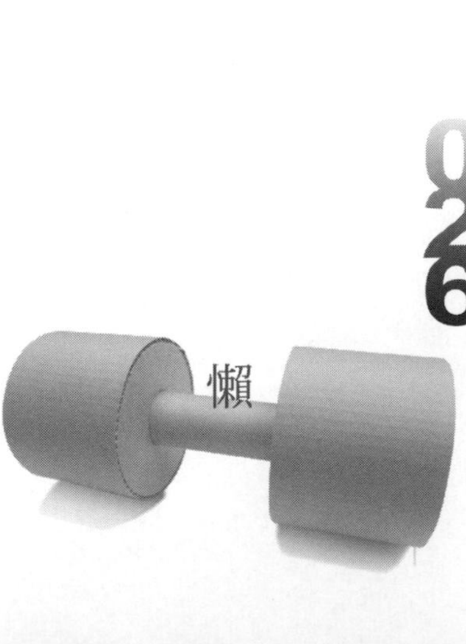

有個人決定做生意，他來到城裡的市集，買了十頭驢。在回程的路上，當他走到一片大田野間，他開始想，「這一帶一向有許多搶匪出沒，我最好小心點，免得驢子被偷。」他一邊沉思，一邊轉過頭去數他的驢子。

但是因為他沒看到自己騎的驢子，所以只數到了九頭驢子。「真可惡！」他叫道：「有人偷了我一頭驢子。」於是，他跳下驢子，跑過一個又一個小山丘，想去追小偷。但是，他找了好久，卻沒見到半個人，因此他傷心地回到他的驢群。然而，令他喜出望外的是，他見到他那十頭驢子正好整以暇地在那兒等著他！

「啊！哈！」他喃喃地說道：「小偷一定是怕我，所以才會把偷走的驢子還給我。」

那個人越想越得意，於是騎上驢子繼續趕路，身後跟了另外九頭驢子。走了三百公尺之後，他又喃喃自語：「萬一小偷看我太自信又折返回來的話呢？」他於是轉頭去數驢子。九頭。「太可惡了！」他大叫道：「又來了！我一定要逮到他們！」於是他跳下驢子，漫無目的追趕小偷的蹤跡。「這次又被他們跑掉了。」他一邊說，一邊往回走。當回到他驢群旁時，他驚訝不已——十頭驢子！「小偷還是怕了我！」他想。

「我明白了，每當我騎在上面時，小偷就趁機偷走我的另一頭驢子，我最好用走的，讓他們無法得逞。」

他就這樣回到家中，滿頭大汗且精疲力竭，但是對於讓小偷計謀無法得逞感到很驕傲。

當他把一切經過告訴妻子，他妻子大嘆一口氣：「如果睜開眼看清楚的話，我看到的驢子不只十頭，而是十一頭啊！」

人越「看不見」，就想得越多。

一個想太多的人，並不是什麼「思想家」，他們只是「瞎了眼」。一旦你看清楚，你就會明白，驢子在哪裡。

讓自己沮喪

如果你是沮喪的，那麼就讓自己沮喪，不要做任何事。你能做任何事嗎？任何你所做的都會由沮喪來做，所以你將變得更沮喪。

你可以向家人、向朋友訴苦，但如果你是沮喪的，你無法帶走它，你甚至還會把別人也帶入沮喪。

你可以去看電影，去逛街購物，但是沮喪還是不會消失，因為你是沮喪的，不論你做什麼，那個沮喪還是會跟隨著你，你可以遠離那裡，你可以離開讓你沮喪的地方，但你無法逃離自己，如果你是沮喪，不管你用什麼方法，你都不可能逃離它。

現在試試看，不要去排斥，讓那些心情存在，讓自己沮喪，然後看看會發生什麼。

你將會發現，你無法一直沮喪下去的。一旦你接受沮喪，那樣你就不可能沮喪太久，沒有一種情緒會一直停留在這裡，每一種情緒都在移動和改變。如果你仔細觀看你的心情，你是無法保持同一個心情，甚至在下一刻你的心情也是不一樣了。

原本情緒就是來來去去，如果你不刻意抓住，它是無法久留的；如果你不刻意去關心，它自然會消失。

想開一點

Effortless Wisdom

假如你曾經消沉過，我想你一定也聽過無數次來自好心人的建議，要你多往好的想，要你樂觀積極，要你想開一點。

但是有用嗎？問題並不是發生在他們身上，所以別人很難了解，一個失意的人根本不可能積極地思考，這是很不容易的。你也知道要往好的想，但就是做不到，對嗎？

你思想，而你又用思想來反對思想，那個用來反對思想的也是思想，你有跳出思想嗎？你並沒有，你可以否定你的想法，但否定的人是誰？這否定的想法仍然是來自你，你只是在一個惡性循環裡面打轉，但是你還是走不出來。

那要怎麼辦？答案是不需要怎麼辦，你不需要去否定你的想法，也不必做任何努力想要跳出來。

佛家有一句哲言：「湖水攪動，一無所見；湖水靜默，一覽無遺。」水若平靜，則可以清澈見底，魚蝦沙石都可以一目了然；反之，若水不平靜，則一片混濁，什麼也都看不見。

負面情緒就好像汙濁的河水，你能做什麼？你只要坐在河邊，河流在流動，泥沙自然沉澱下來，而枯葉、垃圾會順流而下，然後河流會變得完全乾淨、清澈。你不需要進到河裡面去清理它，如果你去清理它，反而會將它弄得更濁。

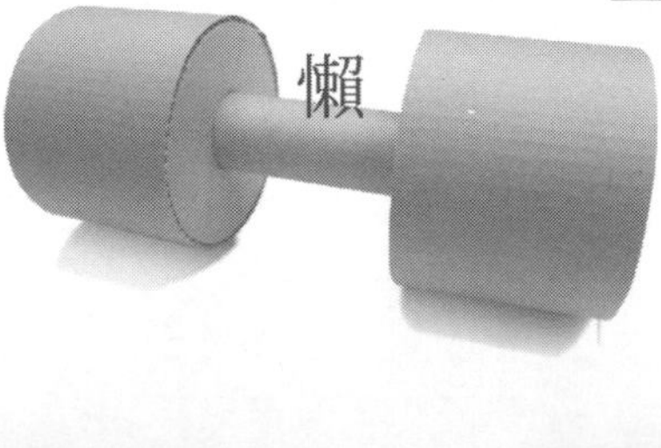

只要耐心點

Effortless Wisdom

有一位大師旅行經過一座森林，那一天非常熱，剛好是正午，他覺得口渴，便告訴門徒說：「剛才我們有經過一條小溪，你回去幫我裝一些水來。」

門徒回去後，發現那條溪非常小，有一些車子經過，把溪水弄得混濁不堪，水已經不能喝了。於是他回去告訴大師說：「水已經髒了，還是換個地方再找吧！」

大師說：「不，你回到同一條小溪那裡。」

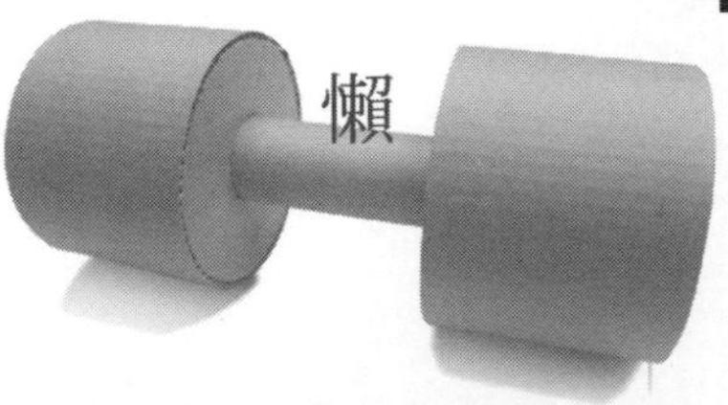

門徒邊走邊想，滿心不願，因為他知道那些水已經髒了，根本沒有必要浪費時間，而且他也感到口渴，於是他決定回去再問：「你為什麼要那麼堅持？」

大師說：「你再去。」既然師父這麼說，他只好遵從。

當他再回到那條溪流，泥沙都已經沉澱下來，枯葉也消失，水已經變成清澈見底。這時門徒笑了，他提了水跳著舞回來，拜在大師的腳下說：「你教導的方法是奇蹟般的，你為我上了偉大的一課——沒有任何東西是絕對不變的，只需要多點耐心！」

是的，只要耐心點，時間終將給你一個圓滿的答案。

所謂萬物靜觀皆自得，我們只要把心沉靜下來，直到心田的淤泥沉澱，湖水自然澄清——你的困擾自然釐清，問題自然會消失不見。

你曾拋開嗎？

Effortless Wisdom

沒有人曾經拋棄過任何東西，也沒有人能夠拋棄任何東西，因為拋棄就是執著。

你說：你想拋開煩惱，想拋開憂愁，想拋開對那個人的思念，想拋開對那件事的得失，想拋開那些不好的念頭……。但你曾拋開過嗎？那是不可能的，你無法拋開任何東西，因為在那個拋開當中就有執著。若沒有執著，你又何必拋開呢？

036 懶

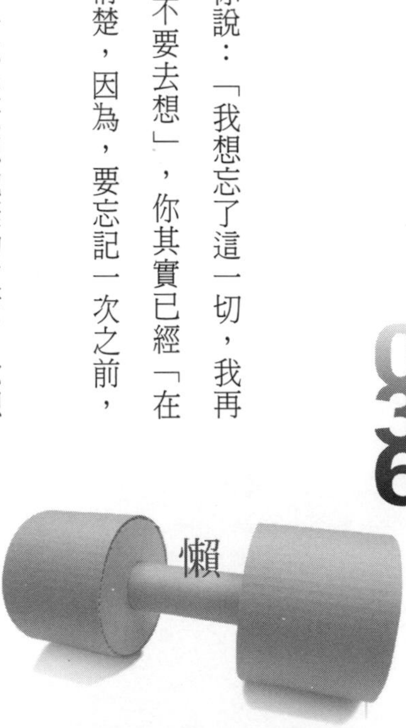

當某人或某事讓你痛苦，你當然會想拋開，你說：「我想忘了這一切，我再也不要去想那個人和那件事了……」但當你說「不要去想」，你其實已經「在想」了，不是嗎？當你越想忘記，你越是會記得清楚，因為，要忘記一次之前，你必須先記住一次，然後你就更難忘記。

所以重點不在拋開什麼，而是不要去執著。對於那些你想拋棄的東西，你想過嗎？若不是你自己緊抓著不放，你又何須去拋開？當你對某個人或東西已經厭煩透了，你還需要努力去拋棄嗎？

我偏要做！

阻止孩子的行為，叫他們不要去做對他們不好的事，是大人常犯的錯誤。

原因是這樣，如果你告訴他：「不要做這個！不要做那個！」那麼在他們的內心就會有很大的抗拒，他們就會想要去做那個你交代不能做的事。

你可以試試看，禁止小孩子：「不要把水倒出來，不要靠近電視！」然後接著他們就會這麼做。當你告訴一個年輕人：「不要整天打電腦，少跟那些壞朋友在一起！」之後他就會變本加厲，在你沒有告訴他們之前或許還沒那麼嚴重，但

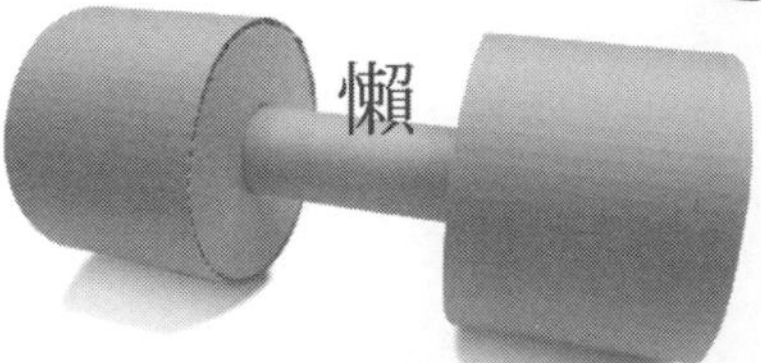

是一旦你去阻止，你的阻力反而對他產生更大的抗力。

他會去抗爭，他會想：「我就是我自己，憑什麼要聽你的。」「你叫我不要做，我就偏要做！」這就像拍打皮球，你越用力，反彈就越高。同樣的道理，當你愈去控制，他的反抗就愈強。

我聽說有一次，愛默生和兒子想把一頭小牛弄進穀倉裡，他們就犯了同樣的錯誤——愛默生用力推，兒子用力拉，但是那頭小牛卻死命對抗，兩腿撐著拒絕前進，就這樣一直僵在那裡。這時有個愛爾蘭婦女見了，走了過去，她把手指頭放進小牛嘴裡，一面讓牠吸，一面輕輕推，結果一會兒就把小牛弄入穀倉裡。

她有花費很大的力量嗎？不，她毫不費力，頑固的小牛反而乖乖地順著她走。

你可以試試看，從現在開始，別再那麼努力去控制，給一點甜頭，那樣孩子就不會愈來愈糟。

泥沼的車輪

Effortless Wisdom

不要跟任何人事物對抗，因為不論你跟什麼抗爭，你就無法脫離它。

你走路，如果有一顆石頭擋住你的去路，你只要繞道過去就好，如果你跟石頭對抗，那你將停在那裡，石頭將會擋住你的去路；你想做某件事，如果有人阻礙了你，不要跟他對抗，否則那個人將成為你的障礙，阻擋著你。

我們都可以了解，只要有對抗，就會有衝突，就會有對立，而衝突和對立，又會引發憤怒、怨懟、攻擊、暴力……，然後就沒完沒了。

040

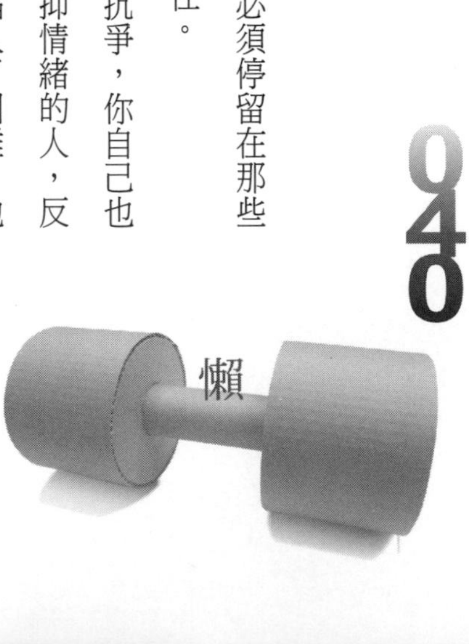

如果你去對抗，你將無法脫離，你不可能從遠處來抗爭，你必須停留在那些抗爭的人事物裡面，所以，不論你跟什麼抗爭，你就會被它們困住。

即使你跟自己對抗，那個情況也是一樣，如果你跟你的憤怒抗爭，你自己也會變得很生氣，你的整個人將充滿憤怒，那就是為什麼一個太壓抑情緒的人，反而容易情緒失控，因為他們的情緒正是他們要抗爭的，現在他們陷入了困難，他們變成他們努力去反對的人，所以他們反而變得情緒化，他們擺脫不了自己的情緒。

人們常誤以為，只要抗拒它們就會消失。那是搞錯了，抗拒就像陷在泥沼的車輪，你愈去踩油門，輪子就陷得愈深；不管你在抗拒什麼，你愈去對抗，它就愈黏著你不放。

慎選敵人

Effortless Wisdom

與人對抗是非常危險的，因為慢慢的你會越來越像那個你所對抗的人。是的，一旦你與某人對抗，很顯然地，你會使用同樣的手段，說同樣的話，做同樣的事，走同樣的路，然後你會變得像你的敵人。

如果他很狠，你必須更狠；如果他很毒，你就必須比他更毒；你必須學習他，超越他，如此你才能擊敗他，然而在你擊敗他的同時，你也被擊敗了，因為你已經變成了他。

你以牙還牙，打斷別人的牙結果自己的牙也斷了；你以眼還眼，結果大家都瞎了眼；你以其人之道還治其人，結果你們變成同類的人，你會變成你不喜歡的那種人。

所以，你要慎選你的敵人，千萬別輕易的讓任何人成為你的敵人，除非你真的想成為他——像他那樣。

某議員批評林肯總統對敵人的態度：「你為什麼要試圖跟他們做朋友呢？」他質問道：「你應該想辦法去消滅他們。」

「我難道不是在消滅我的敵人嗎？」林肯溫和而智慧地說：「當我使他們成為朋友的時候。」

他是對的，要消滅敵人最好的辦法，不是去對抗他，而是讓敵人變成朋友。

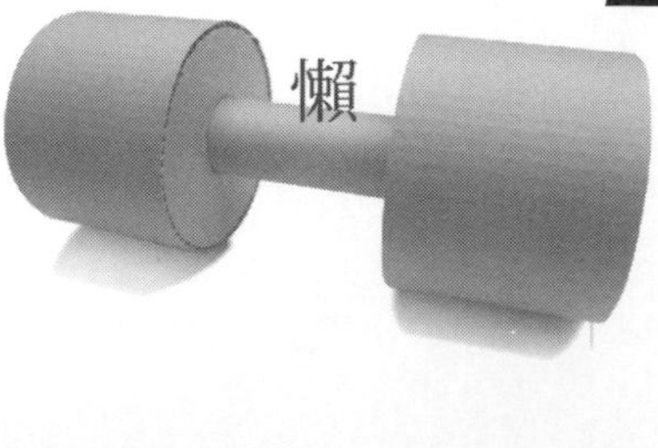

緊抓怨恨

Effortless Wisdom

你討厭那個人，然後你在心裡或背後咒罵他，你認為你是在罵他嗎？他根本就不知道，你怎麼可能在罵他，你是在罵你自己。

你很氣某人，憎恨某人，你認為你是在恨他嗎？不，你其實是在恨自己，因為在你恨任何人之前，你必須先在你內在製造恨的毒素。唯有你有某樣東西，你才能將這樣東西給別人，唯有充滿憤怒你才能去氣憤。所以，在你傷別人之前，你已經先傷害自己。

044 懶

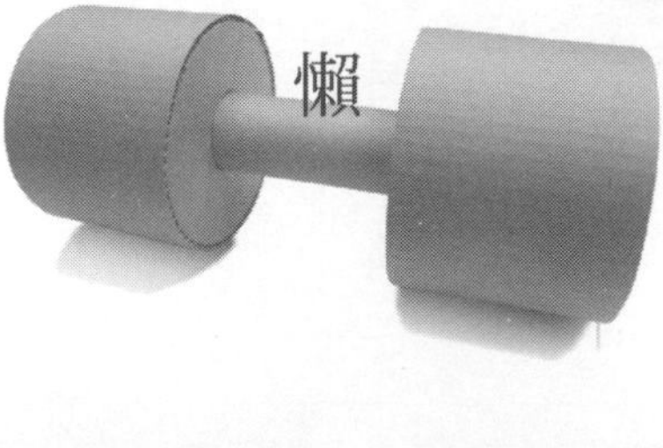

假如你扛一袋垃圾給別人，是誰一路扛著它，是誰一路上聞著垃圾的臭味？當然是你。不管你對別人做了什麼，那個真正接收的人，並不是別人，而是你自己。

緊抓著怨恨不放，就像是把自己裝滿發臭的垃圾，卻想薰死別人，這不是很蠢嗎？

放下傷痛

Effortless Wisdom

要放下傷痛，說來容易，做起來難，原因就出在人們對痛苦有很深的執著，他們認為並不是他們不願意，而是他們「不能放下」那個痛苦。

為什麼？因為如果他們放下了那個痛苦，那麼，他們等於放下了多年以來的人生劇本，以及所有使他們長久以來的想法和做法合理化的原因。這要如何自處？痛苦的人總要有悲哀的理由，那就是為什麼放下傷痛如此難。

因此如果你在痛苦，你必須先深入內在，去看看你的痛苦，究竟是痛苦抓住

046 懶

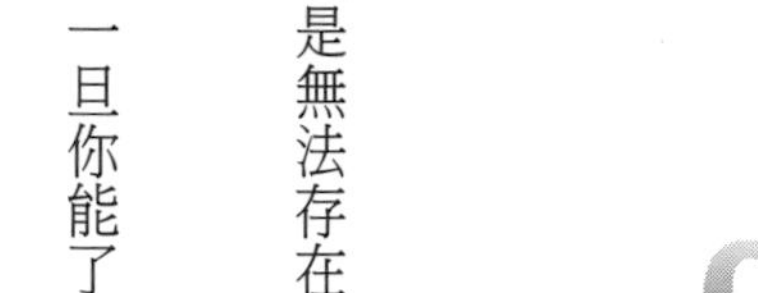

你，還是你抓住痛苦？

能夠看清這點是非常重要的，因為痛苦若沒有你的支持，它是無法存在的。如果你不執著於那些烏雲，那些烏雲又怎麼會黏著你不放？

要放下傷痛，並不是能不能的問題，而是在於你願不願意。一旦你能了解到原來是你自己在執著痛苦，那你就解脫了。

那是真的嗎？

Effortless Wisdom

每當被批評指責，不論是非真假，人們總是急著跳腳，卻很少人真正靜下心來，問自己：「他為什麼這麼說我？那是真的嗎？」

他說：「你很糊塗。」而那是真的，你經常糊里糊塗。他說：「你做事沒原則。」而那是一個事實，你的確沒什麼原則，如果他說的是真的，你何必生氣？如果你真的是這樣，你需要去反擊嗎？

若是他是對的，你要去謝謝他，他讓你看到自己的真面目，說不定他指正了

048

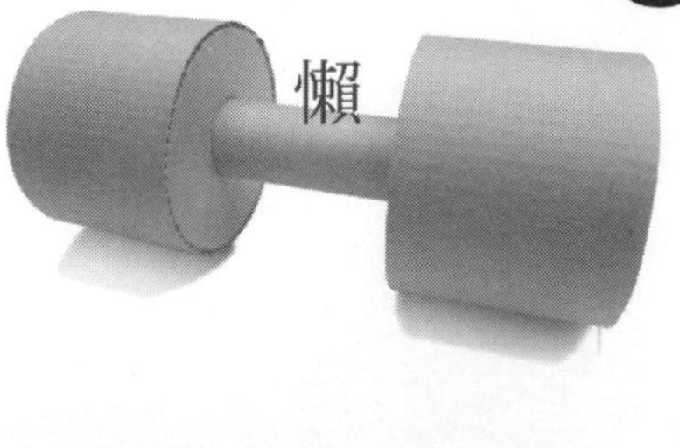

你沒有發現，或者是你不願面對的錯誤。反之，如果那個人是胡說八道，如果他說的完全不是事實，那你根本就不必理他，為什麼要變得氣急敗壞呢？

西諺有句話說得好：「假如別人指責你，是對的，那你沒有資格生氣；假如別人指責你，是不對的，那你又何必生氣呢？因為是他錯！」

如果他是錯的，那你就是對的，既然你是對的，你在氣什麼？想想，這不是拿別人的錯誤來懲罰自己嗎？

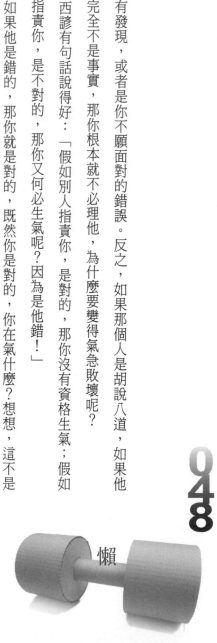

狗吠

狗在吠，而你在睡覺，你說牠們在吵你，但牠們是在吵你嗎？牠們怎麼可能吵你，牠們根本不知道你在睡覺，對嗎？

狗吠是自然不過的事，不吠才有問題。但是你卻把狗吠變成了問題：為什麼牠們會一直亂叫？真是吵死了，牠們為什麼不快點閉嘴。但牠們為什麼要閉嘴？你睡你的，牠叫牠的，如果你不抗拒、不排斥，那牠們怎麼可能吵到你？

你在走路，而狗追了過來對你狂吠，你說牠在吠你，但牠是在吠你嗎？不，牠才不管你是誰——是警察或是小偷，是好人或是壞人，牠是逢人便吠，而你正巧碰上，就這樣而已。牠的吠叫真的沒什麼意義，然而你卻因為牠的吠叫而生起了一連串不愉快的想法。何必呢？

如果你以一種抗爭的態度面對生命，你當然會覺得所有的問題好像衝著你來，狗吠是衝著你來，周遭的人事物似乎都在找你麻煩。但是如果你根本不在乎，你不以為意，那麼，突然間，牠們繼續叫，而你繼續睡覺；牠們繼續狂吠，而你繼續走你的路，問題也就不存在。

颱風不認識你

Effortless Wisdom

颱風會吹倒樹木、拉倒電線、摧毀房屋；豪雨會給人們帶來水患、土石流，甚至破壞家園、傷害人們，這本來就是大自然的現象。

然而站在你的立場，你卻希望颱風就算把別人家都毀了，也不要損害到你，這時如果你的房子受損，你的家人受傷，你當然會覺得為什麼自己那麼不幸，為什麼老天要這樣對我？

颱風會故意打擊你？它是刻意要摧毀你嗎？不，颱風是無心的，事實上，颱風完全不認識你，它並不知道你家就在那裡，它不知道你的房子地基不穩，它不知道你的家人還在外頭，它不知道那個招牌會砸下來……如果要颱風顧慮那麼多，我想它遲早會瘋掉。

有那麼瘋狂的人，每個人都希望災難去找別人，而別去找他，它不瘋掉才怪。

052

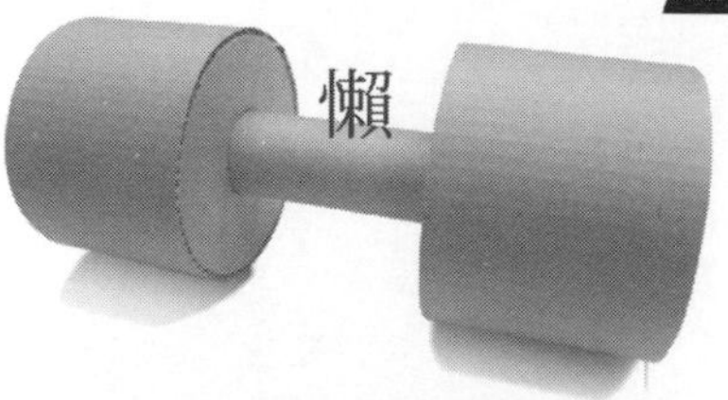

effortless
wisdom

懶得去爭。懶得去想。

懶得生氣。懶得抱怨。

懶得記仇。懶得追求。

懶得計較。正是一種不費力的智慧。

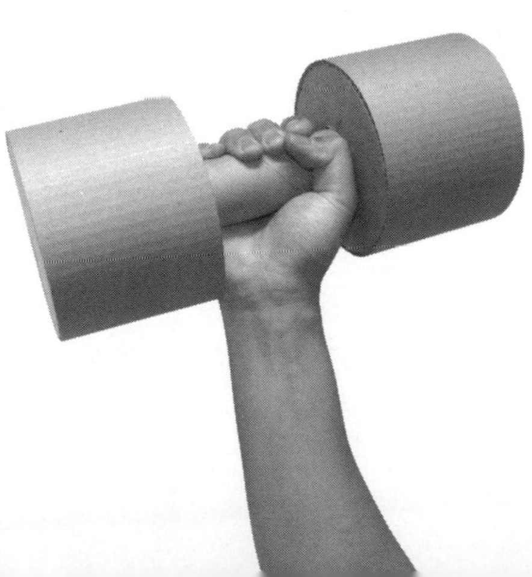

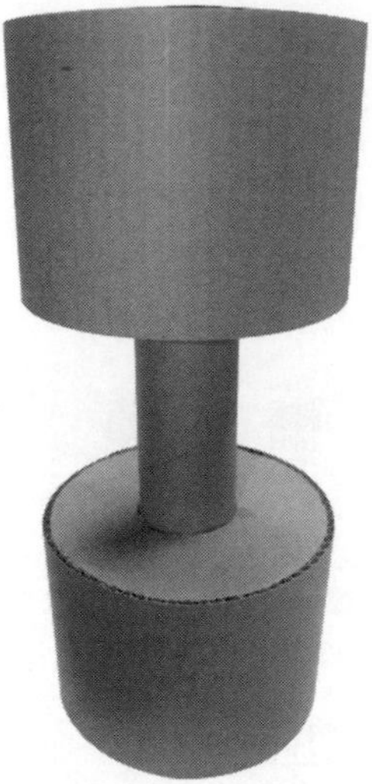

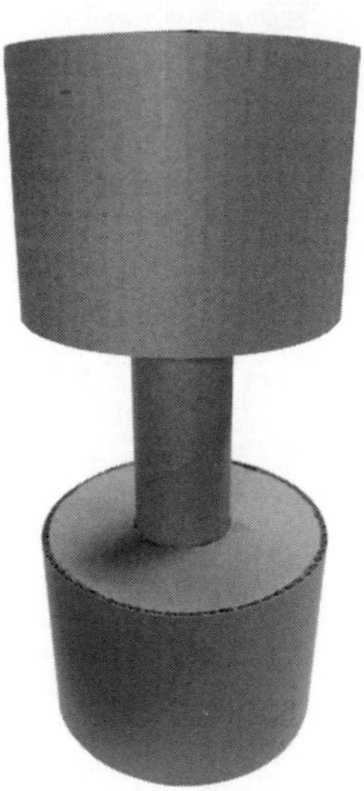

夏日山中　李白

懶搖白羽扇，裸體青林中。脫巾掛石壁，露頂灑松風。

056 和諧平靜

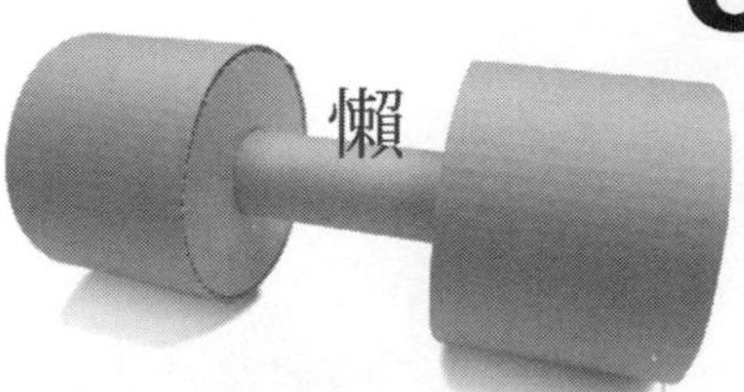

要怎麼做才能獲得和諧平靜？

答案是，去接受生命不和諧和不平靜。

你可以回想一下，你的焦躁、不安、恐懼、緊張是怎麼來的，不都是因為你渴求和諧平靜而來嗎？

如果你不想緊張，那麼你將會創造新的緊張；如果你不想恐懼，那麼你將會創造新的恐懼；因為每當你有所偏好，你就會變得焦躁不安，這個「不想要」會創造出一個新的緊張。

許多學習靜坐的人，之所以靜下來，即是因為對自己有太多的期待：「我不要有任何雜念」「我不要去想任何事。」而這種要自己「和諧平靜」的想法，反而干擾了和諧平靜，不是嗎？

西班牙大畫家畢卡索畫了一幅畫，名叫「和諧」。那是一幅有點怪的畫，在畫中，魚被放在鳥籠裡，而鳥則被放在魚缸裡。

一位畫商看了後，大惑不解地問：

「這怎麼可能叫『和諧』呢？」

畢卡索笑著說：「在和諧中，一切都是可能的。」

是的，去接受所有的可能，接受所有的不和諧和不平靜，只有當我們接受這個事實，才能安然自若、冷靜平和地看待眼前發生的事。

058

Effortless Wisdom

問題的根源

世界本來就沒有所謂的問題，生命除了你製造出來的問題之外，並沒有問題存在。

當你試著去阻擋或逆流而上，整個河流似乎都在把你往下推，好像整個河流的存在就是要打擊你。

然而河流在那裡是要來打擊你的嗎？河流根本不知道你是誰，它也不會對你特別感興趣。當你在那裡，河流是以同樣的方式流動，當你不復存在，它也將會繼續以同樣的方式流動，它之所以那樣流動並不是因為你，如果你覺得它在對抗你，那是因為你在對抗它，那是因為你試著要阻擋或逆流而上。

人試圖去抗拒自然、抗拒無常，甚至抗拒雞鳴狗吠，因而製造出種種問題，然而他們卻沒有想到，自己就是所有問題的根源。

我們全都懸在自己的頭上，那是我們唯一的問題，而這只有一個方法可以解決：從頭下降到心，而後所有的問題會自動消失。

是的，問題是你自己創造出來的，如果你願意用心接受。頓時間，每一件事情變得如此的清楚而透澈，人將會訝異於自己如何不斷地在製造問題。

隨緣自在

Effortless Wisdom

060

一切都變了，在改變中，你徬徨、恐懼，不知何去何從？

那麼要怎麼辦呢？如果你不知道何去何從，那麼就順著生命之河流去吧！去經驗改變，成為那個改變，不要抗爭，河流怎麼流，就隨著它流動，讓河流帶領你，如果它帶你到悲傷，你就悲傷；如果它帶你到快樂，你就快樂，就這樣，讓河的方向成為你的方向，那你就不必擔心何去何從。

當你不再對抗生命之流，遲早那些事情將會自己安定下來，你不需要去安頓

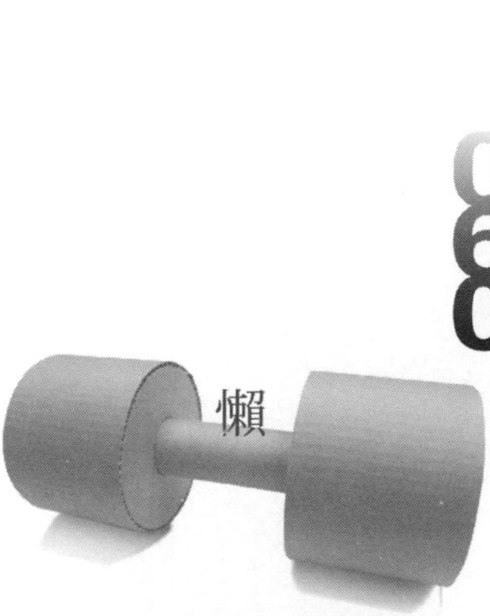

它們，你只要安頓你自己。一旦你定下來，整個河流都會定下來；一旦你處於和諧之中，整個世界都會處於和諧之中。

所有的一切都安排的好好的，你只要接受它，然後漂浮。讓一切按照它本然的樣子存在，唱著歌，跳著舞，跟隨那河流翻山越嶺，流經小溪，穿過平原，那樣河流怎麼會去對抗你呢？

如果你不在乎去哪裡，你就不可能迷路；如果你是高高興興的去，那麼每一條路都將是正確的道路。

放開來，完全放開來，隨著河流走，不需要地圖和路標，河水一樣會順流入大海。

與水融為一體

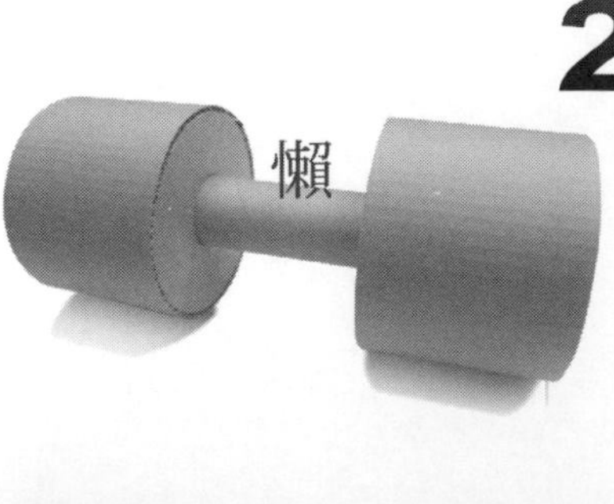

如果你曾經學過游泳的話，你會記得最初是在水中胡亂拍打，你很努力的學，但似乎沒多大進步，然後，忽然之間你放鬆，你不再用力拍打，你就浮了起來，「我懂了！」你叫出來，「我會游泳了！」現在你已經知道說身體有一種自然的浮力，問題不在游泳，問題在於你要跟水保持和諧的關係。

你注意過那些被水淹死的人嗎？他們都太過緊張，太去掙扎了，而越是如此就越往下沉，反之，如果他們完全不試圖掙脫，就讓自己往下沉，那麼在到達底部之後，他們會發現身體開始向上浮起來。

這就是為什麼活人努力去游，卻在水裡淹死，而人在淹死之後卻反而浮出水面。因為死人澈底放下，連游也不游，它什麼也沒做，所以它能保持在水面上。

衝浪或揚帆的道理也是一樣，不是與海水相抗衡，要順風揚帆，當你隨著風浪移動，這樣不但不會被浪打翻，而且不需費力就一帆風順。

一旦你能夠跟水保持和諧的關係，它將會幫助你。當你不再抗爭，與水融為一體，你將沐浴其間，悠遊享受，一路順風。

064

Effortless Wisdom

鬆垮垮的舊襪子

醫院急診室送來一個嚴重車禍的駕駛，在我仔細檢查無礙後，護士就把他推至留觀室。

一旁隨行的警察連聲直說：「真是命大！」他告訴我，這駕駛的車子已經面目全非，頭尾被擠壓如手風琴，沒想到人竟然毫髮未傷，真是不可思議。

我心裡暗想，這駕駛大概不是睡著，就是喝醉了。這種情形經常發生。許多醉漢跌倒在地、掉到水溝，或是撞上電線桿，被送來醫院，結果多半是一些瘀傷或皮肉傷，身體都完好，也沒有骨折。

我也曾看過有些嬰兒和小孩，從很高的地方掉落下來，後來幾乎也都平安無恙。探究原因，不只是因為命大，而是放鬆。是的，因為當遇到撞擊時，肌肉緊繃會造成傷害，所以像嬰兒、醉漢或熟睡的人，當他們身體完全放鬆，反而把撞擊力都釋放掉。

著名小說家薇姬•鮑姆（Vicki Baum）說，小時候，她摔跤傷了膝部和腕部，有個老人把她扶起，這老人當過馬戲團的小丑，一面幫她拍掉身上的灰土，一面教導說：「你會受傷是因為不懂得怎麼放鬆自己，妳要把自己當成像一只舊襪子一樣鬆弛，那樣就不會受傷。」

這老人說得對，要把自己想像成一只鬆垮垮的舊襪子。當你遇到衝擊時，不是去對抗，而是接受，不要繃著身體，握著拳頭，要放鬆自己，如此即使再大的衝擊都不會傷到你。

Effortless Wisdom

最愉快的旅行

066

假如你出去旅遊，卻發現行李掉了，或是汽車拋錨，你會怎麼樣？你會花時間在抱怨、懊惱，還是盡快忘掉這件事，充分把握眼前的一切？

我聽說，有個人到鄉村渡假，當他準備開車回城裡，卻發現車子拋錨，那時正是夏天，午後的天氣悶熱難當。在烈日炎炎的的公路上無法前進，真是讓人急死了。

可是，當時一看情形，他就知道急也沒有用，反正得慢慢等修復才可以走。

於是，他問了技師，知道要三、四小時才可以修好，就獨自步行到附近的一條河裡游泳去了。河邊清靜涼爽，風景宜人，在河水中暢遊之後，暑氣全消。等他玩得盡興回來，車子也已經修好了，伴著夕陽晚風，回到城裡。

之後，他逢人便說：「這真是一次最愉快的旅行。」這就是隨遇而安的妙處。如果同樣的情形發生在你身上，你可能一邊抱怨，一邊著急，整個下午都在生氣，以至錯失那麼美好的經驗。

車子拋錨、行李掉了是一回事，但錯過當下又是另一回事。所以，趕快把那些不愉快的事都忘掉吧！去享受當下，就現在！

068

生活的藝術

快樂就是接受那個「是的」，而不是去期待或強求那個「不是的」；更明白地說就是，接受事物現在的樣子，而非你所希望的樣子。

當陽光燦爛，去享受，但是不要執著；到了夕陽西下，夜幕低沉，也無須感傷，你一樣可以去享受，因為夜晚有它自己的美，皎潔的月，燦爛的星空，你根本不必為落日而哭泣。

印度詩人泰戈爾說：「如果錯過太陽時你流了淚，那麼你也會錯過群星。」

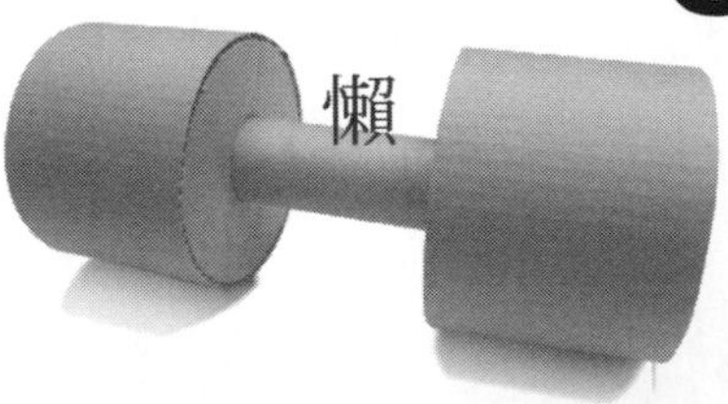

但執著的人就是這樣愚蠢，他們為落日哭泣，而在那個哭泣當中，他們也錯過群星。

愚蠢的人繼續錯過任何事情，聰明的人享受每一件事，他享受白天，也享受夜晚；他享受夏天，也享受冬天；他享受藍天，也享受夜空；他享受黑暗，也享受光亮；不管生命給予什麼，聰明的人都能找出屬於自己的享受方式，這即是整個生活的藝術。

預想的人生是一種快樂，預想之外的人生是另一種快樂，說不定還更加快樂。何必堅持非要得到原先的那種快樂呢？

Effortless Wisdom

076

先接受

什麼是接受?接受就是順服既成的事實:我們的環境、長相、財富、工作、健康,接受挫折、失敗,接受所有的災難……在我們能做任何改變之前,必須承認目前的情況就是這個樣子。

如果你一味抗拒,生命將成為一種掙扎,我們愈是抗拒,也就愈痛苦。

假如我得了重病、我失去工作,我必須先接受這個事實,就不會一天到晚抗爭;如果我不願接受這個事實,一天到晚怨天尤人,必定會陷入掙扎。這是很簡

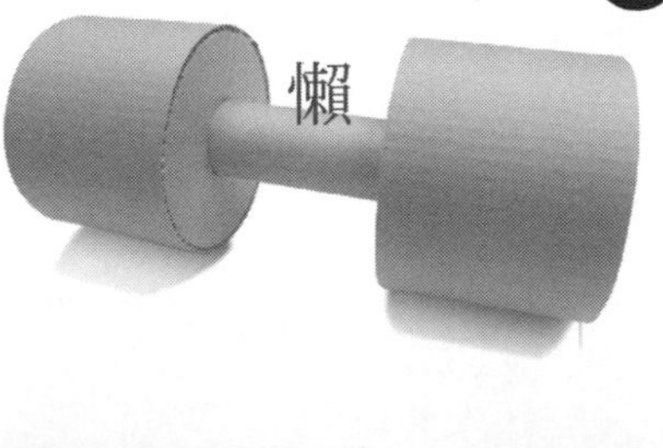

單的道理，我們必須先接受它，才能面對它；否認事實，只會把問題弄得更糟。

要記住，凡是我們願意接受的，我們才能夠去改變；而我們不願接受的，將回過頭來改變我們。是的，你必須先接受，才有改變的可能。你必須接受環境才可能改變環境，先接受失敗才可能改變失敗，先接受災難才可能改變災難。如果你去抗爭，災難就不只是災難而已，災難很可能成為你一生的悲劇。

試試看，去接受那些你無法接受的，你可以沒有悲苦的失去，沒有苦痛的承受，沒有哀傷的分離，你甚至能沒有悲苦的度過「你的悲苦」。

不去抗拒，悲苦也就消失不見。

072

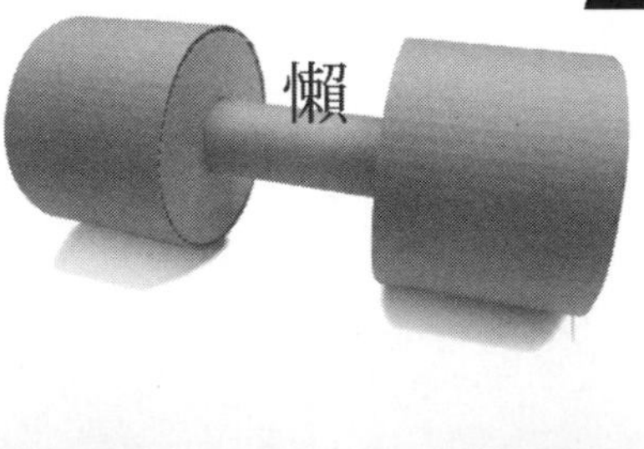

Effortless Wisdom

看見光明

一個有心尋求上帝的年輕人，跑去找靈修大師，請教如何才能達到聖潔的地步。

「你必須恆守讀經、禱告、默想、行善……。」大師給他許多建議。

這個年輕人努力的實踐這些要求，過了好長一段時間，他還是認為自己不夠聖潔，所以回去找那位大師請教。

「你當然不能使自己變聖潔，也沒有任何的操練可以讓你成聖。就好像我們不能做什麼讓清晨的太陽爬上來。」

年輕人疑惑地問：「如果我不能做什麼使太陽上升，而這些操練也不能使我成為聖潔，那我為何還要做這些操練？」

大師微笑回答：「親愛的朋友，最起碼，當太陽升起的那一刻，我們不是睡著了，而是十分的清醒，以致沒有錯過日出的燦爛光芒。」

黑暗只是陽光的不在，我們雖不能做什麼讓陽光把黑夜趕走，但是如果我們願意把門窗打開，那麼當太陽升起，你將看見光明。

這光明就是希望，就是真理，就是聖潔。

享受但不執著

Effortless Wisdom

074

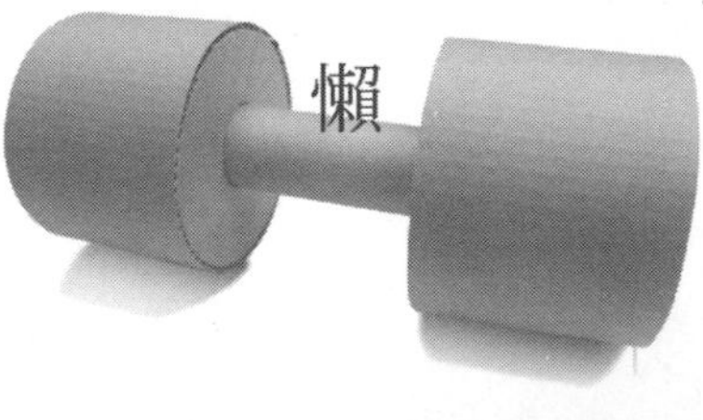

在某個禪修營裡，主持人是一位大師，他教學員凡事要放下。那次禪修一共十天，從早上六點開始到晚上十點結束，每四十五分鐘打坐完後，就換四十五分鐘讀經，唯一的休息時間是用餐。

在禪修大廳，大家不是坐坐墊，就是坐在小凳子上，每一天學員都要回到一開始選定的位置就坐。到了第六天，學員在用餐時，指導老師重新安排坐墊和凳子，學員回到大廳時出現了騷動，幾乎每一個人都起了執著心，因為他們習慣的座位被改變了。他們花了許多時間來學習「放下執著」，指導老師僅花了片刻，便讓大家看到自己其實有多麼執著。

我們對東西執著，對事執著，對人執著，我們對執著上了癮。不論是你已經坐習慣的坐墊或椅子，還是職位、孩子，還是銀行存款、宗教、觀念、髮型……只要是自己擁有的你都非常執著，那就是為什麼你的心總是紛紛擾擾，因為生命一直改變，每一樣東西都在改變，如果你很執著，心又如何平靜呢？

我們就像小孩子在沙灘上蓋城堡一樣，用海砂、貝殼、浮木等裝飾這一座城堡。我們怕別人碰、怕別人佔去，我們是那樣的執著，然而不管你如何保護，潮水終究會把它沖走。

何不把心放下來，盡情地享受但不執著，時間到了，就讓它回歸大海。沒有執念，不起紛擾，如是雲淡風輕。

Effortless Wisdom

無常即平常

生命一直處在「無常」的狀態，悲歡無常、名利無常、得失無常、生死無常、氣候無常，一切都是那麼的無常。星球旋轉、四季遷移、春去秋來、潮起潮落，一切都不停地在變。

情人會變心，事情會變卦，健康會變化，昨天還活著的人，今天可能就死了，這就是生命，在生命中沒有什麼是不變的。所以不要去執著，因為你執著於不變，等於否定了實相，等於給自己製造出難題，這就是痛苦的根源。

076

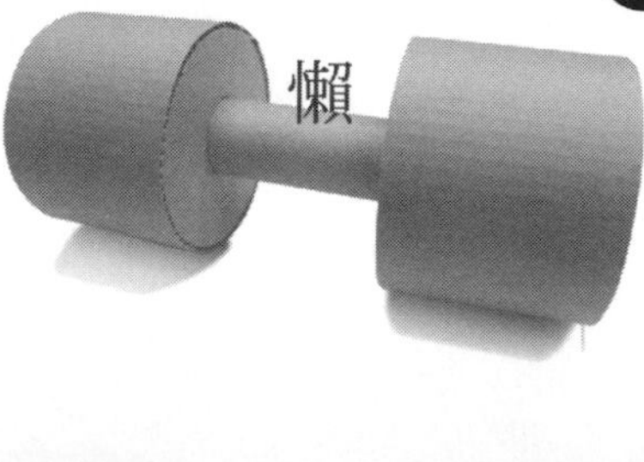

人們總以為平安順心，凡事順遂，才叫「正常」，其他都算倒楣或不正常。我們已預設人生之路，而且預期一路風平浪靜，一帆風順，以致一旦災難降臨，總是難以接受。

事實上，每樣事情都是短暫無常的。所以，與其痛苦煩憂，不如把改變視為正常，把無常當成平常。如此，你才能以「平常心」來看待悲歡離合與生老病死，才能從悲苦中解脫。

Effortless Wisdom

078

你也變了

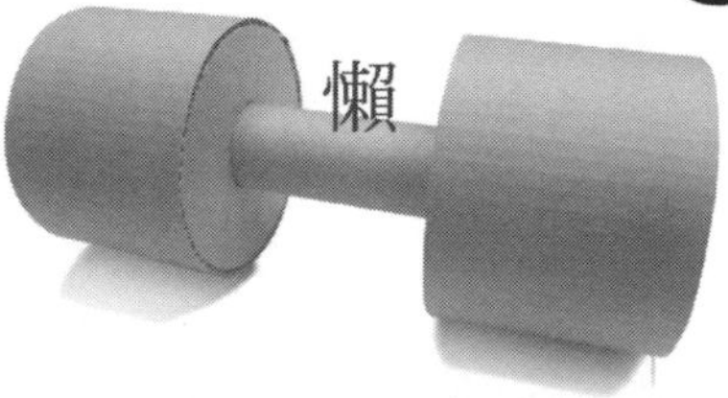

「他是不是變了？」你問。

「他以前對我那麼好，現在怎麼這樣？」

「他以前對我百依百順，以前是那麼溫柔體貼，現在為什麼全變了？」

是的，人都是會變的，當你和他認識，他是當時的他，你也是當時的你；幾年之後，你會是另一個人，他也會是另一個人。

一個陌生人是一個陌生人，一個情人是一個情人，當陌生人變成情人的那一刻，每一樣東西就都改變了，而當情人變成夫妻，那改變就更多了，如果你期待他保持一樣，那是不可能的。誰能永遠不變呢？

早上你還高高興興地出門，但到了中午，一件不順心的事惹得你不高興，然後你就變了，你變得心浮氣躁，變得沒有耐心，等到傍晚，你的不悅變成沮喪，然後很多事你就開始變卦——原本你去買某個東西，本來你想跟家人出去走走，你想晚上打電話給某個朋友……但現在你又變了。

你早上做的決定，晚上就變卦，然後你做了一個新的決定，但到了第二天一早起床，你的決定又變了，你的每個想法、每個心情、每個欲望、每個感覺一直都在變，你沒發現嗎？

就在幾天前，你跟太太原本說好要做什麼的，但後來就因為一點小事，你不是又變了嗎？原本你跟先生聊天還聊得好好的，但就因為對方說了一句不中聽的話，你的臉色馬上就變了，口氣也變了，你沒注意到嗎？其實，你也一直在變。

那個好

080

某人對你很好，然後你對「那個好」就產生執著，如果他變了，你就覺得痛苦，你之所以痛苦並不是因為他做了什麼，而是因為你執著於「那個好」。因為執著於他的好，所以他必須一直對你好，否則你就覺得不好，這就是許多情感問題的根源，不是嗎？

你覺得不高興，你說：「他以前都聽我的，現在都變了。」「以前他會送我回家，現在都沒有。」「以前他會稱讚我，現在只會批評我。」你沒發現嗎？就

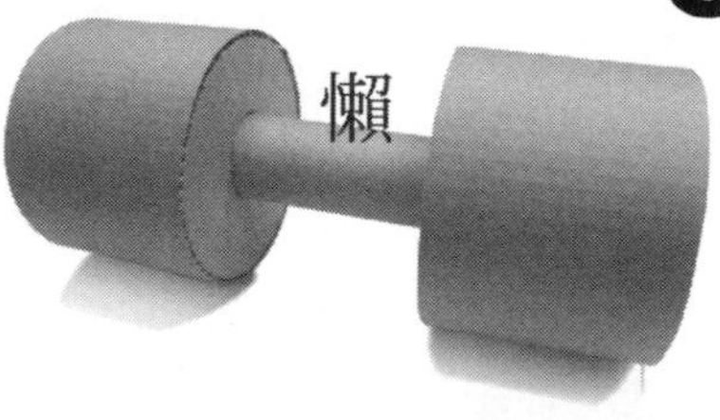

是這種對快樂和美好的執著，不斷地帶給你挫折和失望。如果你能放下，不期待一直重複那個經驗，那麼你的痛苦又從何而生呢？

以前是以前，你不該期待得到同樣的結果。你不該說：「我想和以前一樣快樂。」以前不是現在，如果你執意要重複以前的快樂，那你現在當然會不快樂。

有時，情況並不是真的有那麼糟，而是你太執著了，你還留在以前。試著改變一下，不要再執著於「那些好」，或許你們的關係會愈來愈好。

雲

你觀察過天上的雲嗎?你注意看，有時候雲的形狀就好像一條魚，然後它又開始改變，改變成不同形狀，變成一隻鳥、一匹馬，或其他各式各樣東西，它突然出現，然後又突然消失，它一直都在改變。

如果你執著於魚的形狀，你當然會很挫折，因為不久魚就消失不見，變成其他的東西，然後你為此悶悶不樂，你覺得氣急敗壞，「之前明明這樣，為什麼會變那樣?」但這是誰的問題?是雲的問題嗎?雲只是遵循它的本性，它一直都在

改變，它有什麼錯？

錯就錯在你太執著了。你執著於某個形狀，那問題必然會發生，如果你不執著，如果你接受所有的形狀，問題怎麼可能發生？

人會變，事會變，物會變，這是自然的本質。世上所有的一切就像雲一樣，沒有特定的形狀，當雲變成一匹馬，就跟它一起奔馳，當風吹起，就跟著風兒飄揚；當烏雲密布下雨了，就在雨中跳舞吧！

Effortless Wisdom

084

只是陌生人

你愛上一個人，原本你們只是陌生人，然後你們變成了一對戀人，也許有一天，對方可能再次愛上另一個陌生人，就像在你們認識彼此之前，你們也曾經愛過別人一樣。

曾經愛上別人的人可以愛上你，你同樣也可能再次愛上別人，所以，愛上別人有什麼錯呢？

你說，失去了他要如何活下去，但當他還是陌生人，你不也是活得好好的。

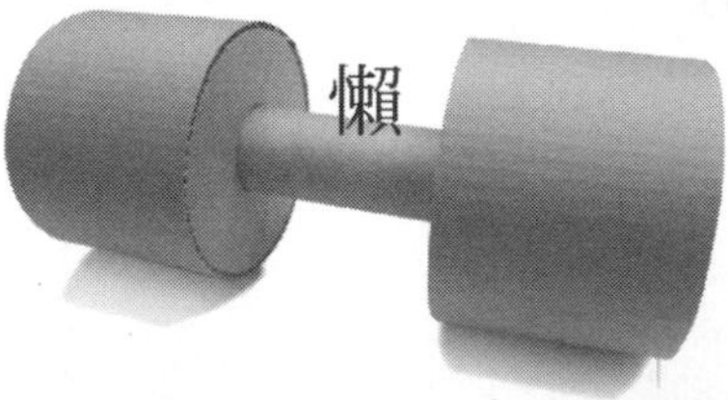

以前沒有這個人的時候，你的心肝、你的腸胃不都是平安無事？為什麼當這個人要離開你，你就心碎，你就肝腸寸斷？

如果你和一個人戀愛是發燒；那失戀就是退燒，就只是這樣而已。失戀並不是什麼，當你和陌生人慢慢熟悉，就是戀愛；而失戀不過是那個熟悉的人走了。

最糟不就是回到原來一樣——只是個陌生人。

Effortless Wisdom

單獨一個人

086

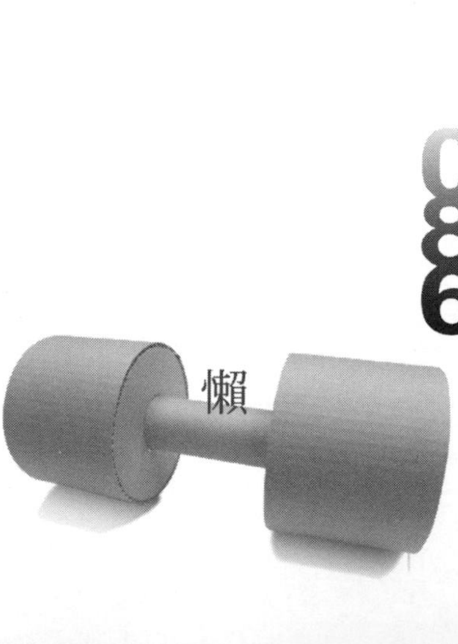

每當你單獨一個人的時候，你會變得侷促不安，好像少掉什麼一樣。現在要做些什麼才好？打電話給誰，還是出去走走，那要找誰？去哪裡？去逛街、看電影或是去串門子，總之只要有伴去哪裡都行，就是不要單獨一個人。

因為單獨讓人害怕，單獨會讓人有一種死亡的感覺，這就是為什麼人們對「失去關係」感到悲傷難過，那會讓人意識到自己是單獨的事實。

事實上，你單獨地出生，單獨地死亡，單獨是生命本然的現象。你或許可以結交朋友、尋找情人或混在人群當中，但是你仍是單獨的，你的小孩、先生、太太、同學、同事、朋友……所有人不過是掩飾你的單獨，關係只是表面，在內心深處你仍是單獨的。

不管你擁有再多的關係，回家的路只有你一人，沒有人能跟你一道走，你越深入去看，你就越清楚，真的，你是單獨一個人。

088

單獨不孤獨

能夠單獨是很美的一件事，代表從此你不再受別人影響，你自由了，你應該感到高興才對。

你覺得不快樂，那是因為當你單獨時，你不是真的單獨，你是孤獨，你想有人陪，而如果那個人不在，你當然不快樂。

單獨並不是孤獨，那是完全不同的向度。孤獨是向外找，孤獨是需要某個人，需要被別人佔據，而當別人離去時你也失去了自己；單獨的人則是向內求，

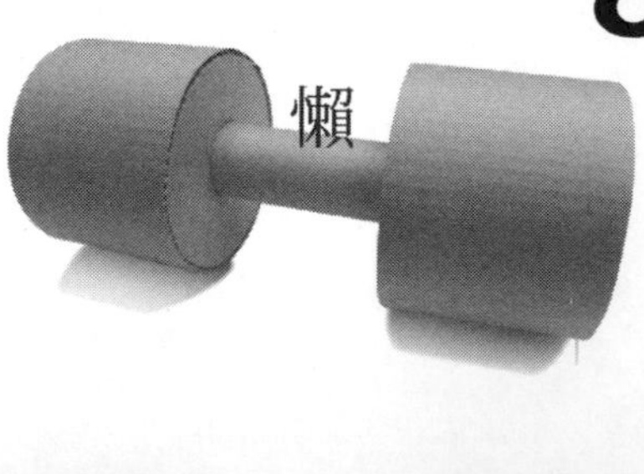

單獨是滿足於自己，一個對自己感到絕對滿足的人，即使別人不在，他也可以享受自己。

孤獨是一個負面的狀態，孤獨是你失去了某個人，你覺得空虛；單獨的意涵則完全不同，你沒有失去誰，而是你找到了自己，那是絕對正面的。

當你單獨一個人，你可以完全的做自己，那有什麼不好呢？

美麗的詩篇

要讓一個孤獨的人快樂，那是困難的，因為當別人離開，那個歡樂也被帶走；要讓一個單獨的人不快樂，那也不可能，因為他已經學會和自己在一起，並對自己感到歡樂，那個歡樂是沒有人帶得走的。

你能在沒有別人的時候感到喜悅嗎？你能在沒有別人的情況下慶祝嗎？

詩人惠特曼說：我慶祝我自己，我歌唱我自己。那歌唱不是因為別人，那慶祝是為了自己。如果有人來到他的身邊，很好；如果有人離開了，也沒關係；

他不在迷戀別人，而是跟自己談戀愛，這即是單獨之美——與自己譜出美麗的詩篇。

一個懂得單獨的人就是這樣怡然自得，他不再從別人身上、從別人眼光、從別人的回應中尋覓意義。當你愛他，他會很感激，要是你不愛了，他也不會抱怨，他還是無怨無悔。你去看他，他會很開心，你不去的話，他還是照樣開開心心。這樣的人你要如何讓他不快樂，那是不可能的。

只有懂得單獨的人才懂得愛，愛是慶祝自己，歌唱自己，並把快樂分享給別人。

092

Effortless Wisdom

完成大我？

在我們的觀念裡，似乎擁有最少自我的女人就是「好女人」。所以你可以看到絕大多數的「賢妻良母」，會去為家庭、為子女犧牲自己。然而這麼做真的就能「完成大我」嗎？

答案正好相反。事實上，女人辛勞的付出，往往換來家人的輕蔑與奴役，不但直接傷害了自我，間接也剝奪了家人學習成長與付出的機會。犧牲的結果不但失去自我，同時也阻礙了別人活出自我。

一個不愛自己的人，將很難去愛別人。當她將壓力與憤怒累積在身體時，無形中便將她所給予的愛，附加了許多壓力，傳遞給她所照顧的人。這一點當事人很難自覺。

我看到太多偉大的母親，就是這樣，她們病了，她們這裡痛那裡痛，然而他們的心更痛，原因是以前為別人「做太多了」，而今呢？孩子成家立業，丈夫飛黃騰達，自己卻失去了重心。這些不甘「被犧牲」的媽媽，開始嫌兒女不孝，對媳婦不滿，還怨丈夫沒心肝，恨丈夫過去的種種……

是的，如果你一直去滿足別人，你將會對別人產生不滿；如果你一直犧牲自己，你也將成為別人的負擔。所以，隨處你都可以聽到父母在怨子女，妻子怨丈夫為什麼呢？對，是因為犧牲，因為她一直付出、付出、再付出，卻得不到「應有」的回報，不滿和怨恨也由此而生。

Effortless Wisdom

094

犧牲非美德

人們常說：「愛就是犧牲，愛就是奉獻。」這話其實並不正確。

愛需要犧牲嗎？不管你為誰做什麼事，如果你是心甘情願的，又哪來的犧牲？如果你愛這個人，願意為他做這件事，你會覺得犧牲嗎？不，如果你覺得自己犧牲，那就不是心甘情願的，既是做得心不甘情不願，又哪是愛呢？

有愛就不覺得犧牲，只有當愛變少了，才會覺得自己犧牲太多。犧牲太多，到頭來怨恨必然愈多。所有的恨都是從愛而來，所有的怨都是從犧牲而來。你注

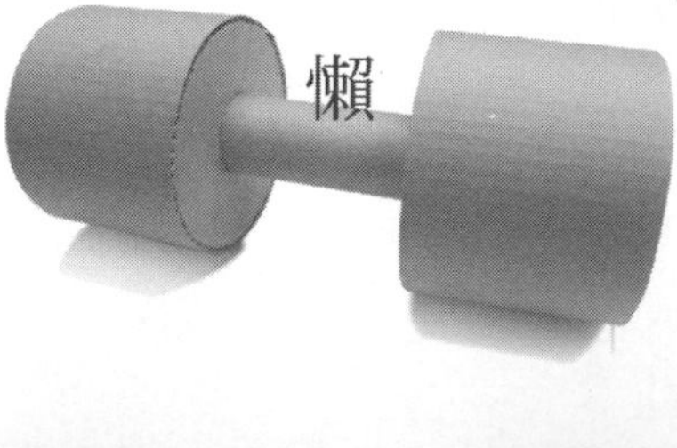

意到了嗎?那個你最恨的人,也就是你為他犧牲最多的人;那個你最愛的人,也就是你最常抱怨的人。

所以,犧牲並不是什麼美德,愛才是美德。如果燃燒自己,卻無法照亮別人,這樣的犧牲不是很蠢嗎?

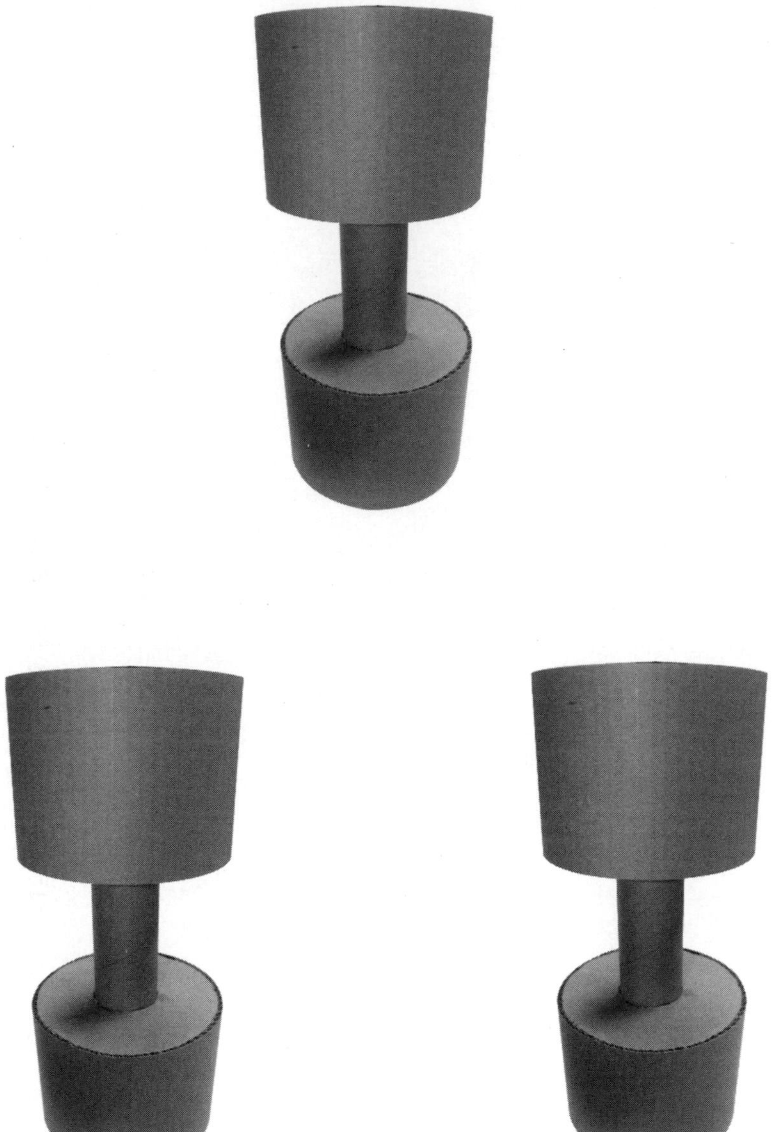

杭州迴舫　白居易

自別錢塘山水後，不多飲酒**懶**吟詩。欲將此意憑迴櫂，報與西湖風月知。

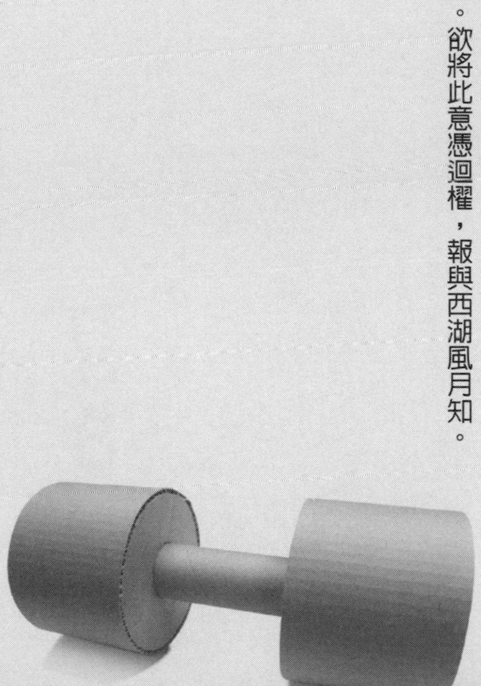

098

Effortless Wisdom

自私才自愛

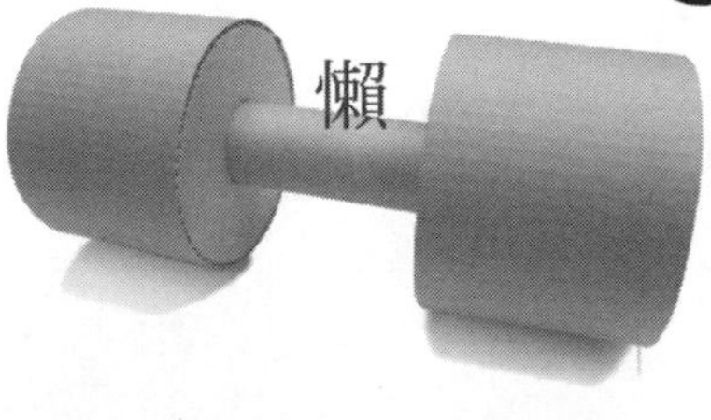

我鼓勵自私，更讚美自愛，因為唯有如此，你才能夠不自私，唯有自愛的人，才能夠去愛別人。

怎麼說呢？只要想想看當一個小孩被生下來，如果他不自私的話，他能活嗎？如果他肚子餓了，不會吵鬧；生病了，不會哭叫；遇到一隻餓狼，也不去躲避，如果是那樣的話，他將無法存活下來。

自私是萬物的天性。玫瑰必須自私地吸取水分，供給枝葉與花朵，而後在開花的時候，才能將美麗與芬芳分享給大家；樹木必須自私地吸取養分，如此才能綠樹成蔭，當結滿果實的時候，再把甜美分享給所有人。如果你要這些花朵和樹木無私地犧牲，那它們都會死光。

人必自私而後自愛，自愛而後愛人。要想給別人什麼，你就必須先擁有些什麼。我們無法給別人自己沒有的東西，不是嗎？你無法把自己變成窮人再去幫助窮人，這是很簡單的道理，如果你無法愛自己，又怎麼可能去愛別人？那個愛，遲早會酸掉的。

Effortless Wisdom

18

自愛才愛人

我們的社會譴責人們對自我的愛，他們說那是自私、是自戀、是不自重。這完全是搞錯了。請問，是愛自己的人，還是要求別人來愛的人比較自私？當然是求別人，是對別人有所要求的的人比較自私，對嗎？

一個愛自己的人會去追尋令他快樂的事，當他愈快樂，就愈能幫助其他的人快樂，這怎麼會是自私的呢？

自私的人會去享受令他快樂的事，而當你擁有愈多的快樂，你就愈能分享快

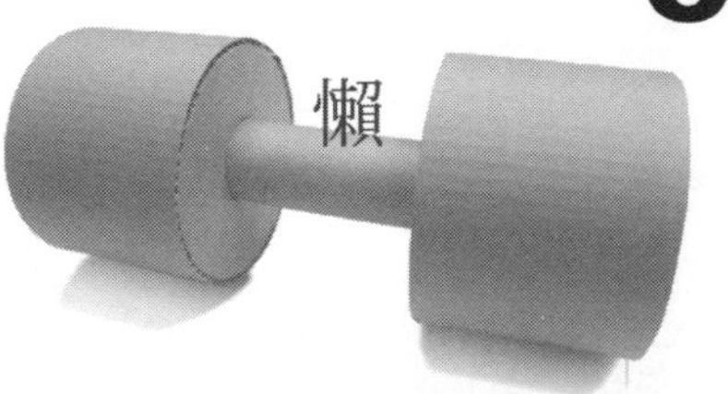

樂給別人；自私的人會去愛自己，而當你擁有愈多的愛，你就愈有能力分享你的愛，美就美在這裡。

人們被教導要幫助別人，說什麼要造福人群，要創造世界的福祉，這都是空談。如果你對自己很冷酷，你怎能可能對別人熱情？如果你活得很痛苦，你怎能可能為別人帶來快樂？如果你不愛自己，你又怎麼可能去愛別人和接受別人的愛呢？

假如你的心裡很苦，你怎麼可能給別人甜美；假如你活在黑暗，你怎麼可能給別人帶來光亮，那是不可能的。

Effortless Wisdom

Just Say No

102

「不好意思」拒絕，似乎是一般人的通病——

因為怕不好意思，只好勉為其難去赴約，參加無聊的聚會；因為怕不好意思，因而不敢退回不喜歡或品質不好的商品；因為怕不好意思，因而不敢切斷對方無趣的話；因為怕不好意思，而接受沒有人願意做的差事，答應別人無理的要求……想討好別人的結果，最後往往吃力又不討好。

為什麼大家心裡明明滿心不願，卻無法說出一個「不」字呢？這是因為人們無法肯定自己，認為自己沒有價值，因而企求別人的贊同，甚至為了這份肯定而任人擺佈。

然而，這種不敢拒絕別人的心理，反而會再次降低自我的價值感。每一次你拒絕了說「不」的需求，你的自尊就少了一分。除非你學會說「不」，否則我們不但無法獲得別人的尊重，也難以尊重自己；我們不但做不好別人要我們做的事，也無法將自己該做的事做好。

實話實說，不行就不行，不想就不想，任何你不想的事，Just Say No，就是說不，同時也接受別人對你說不，如果大家都懂得互相尊重，事情不就簡單多了嗎？

Effortless Wisdom

不如陌生人

注意看你的朋友，看你的伴侶，就好像在看一個陌生人，現在你正在跟一個陌生人交往，跟一個陌生人住在一起，他是一個陌生人。

如果你能辦到，你只要能把對方當成陌生人，那你就一定不會有挫折感，因為你無法從一個陌生人那裡期待任何東西；如果他是個陌生人，你怎麼可能對他要求東要求西呢？你怎麼能夠控制和佔有呢？你怎麼能夠要求他來滿足你？

不，沒有人有這個義務，沒有人是為了滿足你的期望而活，每個人生來就

104

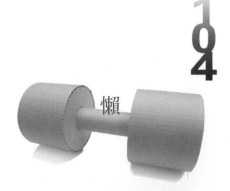

是為了要滿足自己的期望，是為活出自己，但是你卻期待別人來滿足你，而他們也期待你去滿足他們，這就是為什麼人們的關係從陌生到熟悉，感情就會由濃轉淡，由好變壞。

每當一個陌生人變成朋友，或是由情人變成伴侶，要求馬上介入，只因為對方不再陌生，你就開始要求，好像犯了什麼大錯一樣！現在他必須改變，只是因為跟你熟悉，親密，然後「理所當然」他就必須滿足你的期待，必須為你放棄這放棄那，必須為你失去自己……

像這樣，還不如當一個陌生人……

Effortless Wisdom

用心接受

因為愛他，才會希望他變得更好、變得更完美，難道這也有錯嗎？

其實，一直以來人們就是這樣弄錯的，他們以為改變對方是因為愛，這真是很大的誤解。如果你真的愛，你就不會想改造對方。

你想去改變對方，那是因為你不喜歡、你不愛，所以你才會想去改變，難道不是嗎？

去看看人們的愛，父母對孩子「應該怎麼樣」遠比對孩子原本的樣子有興

106

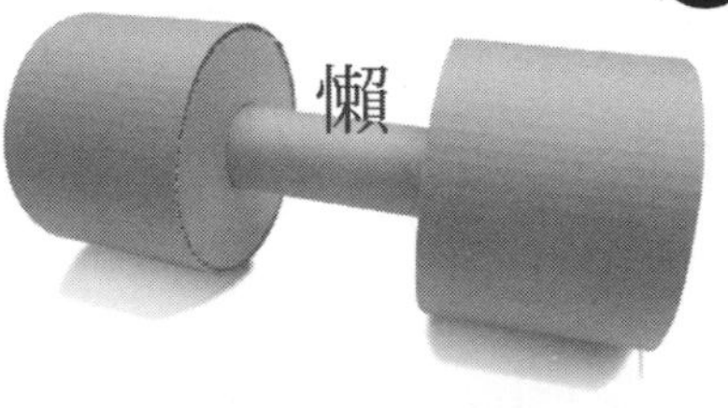

趣；老師對學生「應該怎麼樣」遠比對學生原本的樣子有興趣；先生對太太「應該怎麼樣」遠比對太太原本的樣子有興趣；太太對先生「應該怎麼樣」遠比對先生原本的樣子有興趣，這是愛嗎？他們愛的是他們喜歡的樣子，而不是對方原本的樣子，這哪是愛？

我這麼說也許有人會不服氣：「要不是因為愛，我才懶得理他。」「我這麼做，還不是為他好？」

如果你是為他好，為什麼他會覺得不好？

人們所謂的愛，都是愛自己所愛，而不是對方所愛。所以當對方做了你不愛的，不符合你期待的，你就生氣，你就不愛，仔細想想看，你到底是愛對方還是愛自己？

愛從不會試著去改變，如果你愛這個人，你會接受他的全部，連他所有的缺點都接受，因為那些缺點也是他的一部分。

如果你無法接受他的全部，你怎麼能說你愛他呢？而如果你不是全然的愛他，又如何期待他會全然的愛你？又如何期待他會全然的改變呢？

108

十個缺點

Effortless Wisdom

有位老太太在結婚五十週年的宴會上，應大家的要求，透露了夫妻恩愛的祕訣，她說：「結婚當天，我選出丈夫的十個缺點，並決定以後對這些缺點視而不見。」

客人問她是哪幾個缺點？

「不瞞你說。」她回答，「我從來沒有把它們逐一列出。不過，要是丈夫做了一件真的令我很生氣的事，我就會對自己說：『算他好運，這是那十個缺點中的一個。』」

你注意過那些婚姻幸福的人嗎？他們的伴侶並非都是完美無缺，他們之所以會美滿幸福，那是因為他們願意接受伴侶的缺點，所以那些缺點也就不影響；由於他們不去抗拒伴侶的錯誤，所以問題也就不會產生。

你能挫折一個不計較、不在乎的人嗎？你怎能傷害一個說「我接受你所有缺點和錯誤」的人。沒辦法，對嗎？你永遠無法打擊一個接受一切錯誤的人。

10

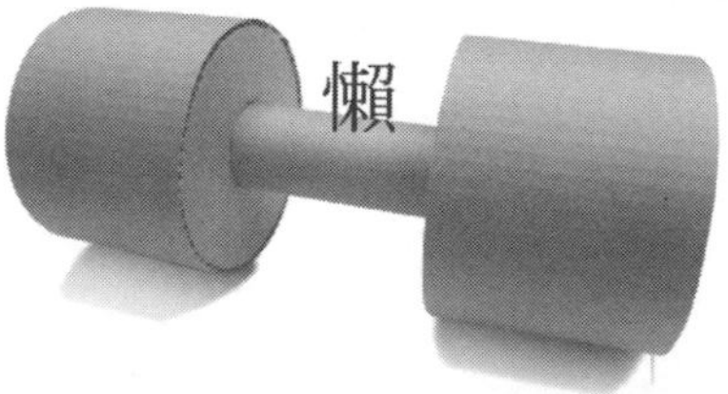

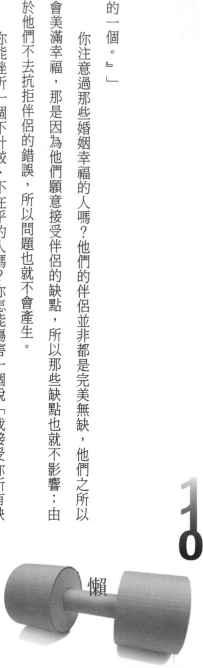

我容忍他

Effortless Wisdom

「接受」不是「忍受」，這點常被誤解。從小我們就被教導凡事要「以和為貴」，所以對許多不滿多半是「忍氣吞聲」。然而那個「和」的假象畢竟是「忍」出來的，有天遲早也會忍不住。

「容忍」是什麼意思，你想過嗎?容忍就是無法容忍的意思。人只有對自己不接受、不喜歡的事物才會去容忍，所以，當你說「我容忍他」「我已經很容忍了」，那顯示出你根本無法容忍。

12

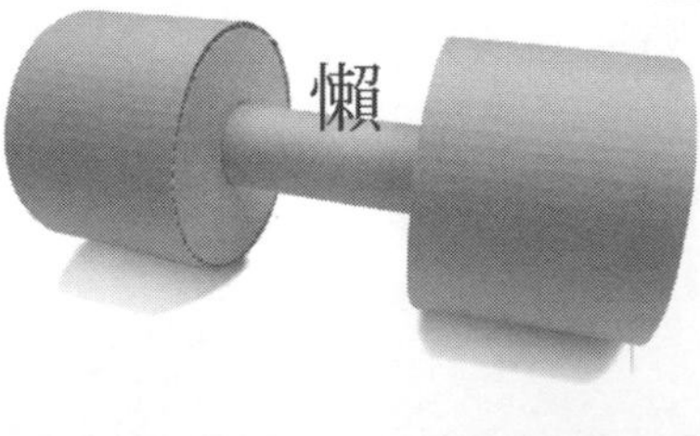

所謂「忍字頭上一把刀」。「忍」只是消極抵抗，基本上還是在一種對抗的狀態，只不過沒有發洩出來而已。那就是情人和夫妻不斷爭吵的原因，因為他們彼此都在「忍」，那個怨氣一直累積，怨氣日積月累堆積成了恨，當哪天忿恨難平，忍無可忍，火山就會爆發出來。

而接受的境界就完全不同，接受是包容，是不抗拒，是不在乎也不計較。沒錯，如果你已經全然接受，你還需要容忍嗎？

灰色地帶

懷疑和爭辯是一片灰色地帶，既非白亦非黑，如何解決呢？白的去接納黑的或黑的去接納白的，兩者都接納，問題就沒了。

有人跟你爭論，接納他，「他說的或許沒錯，也許他有他的立場。」就這樣，爭論自然停止。

接納那個人，「他或許不誠實，他也許太情緒化。」接受他的另外一面，然後懷疑就會消失。

放輕鬆一點，你一直都坐在一個判斷的座位上，那樣使你變得嚴肅而缺乏幽默，為什麼不能笑一笑呢？

汙土能生長各種農作物，太清澈的水卻沒有魚，你知道為什麼嗎？因為太潔淨也是一種「汙染」。

事情本來就不是非對即錯，非黑即白，別忘了，在黑白之間還有灰色地帶。

14

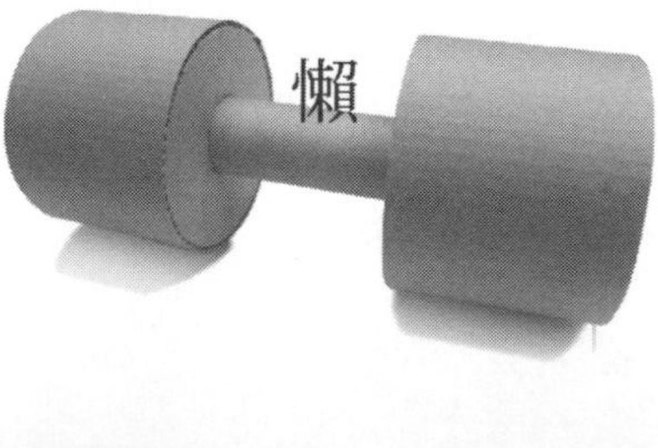

柔順的力量

Effortless Wisdom

水是柔弱的，它從不抗爭，只是靜靜地流，如果有石頭堵住去路，它會繞過去；遇到高山，它會找其他的出路，它不會去對抗，到頭來石頭反而慢慢地被溶解，高山也慢慢、慢慢溶入水裡變成了沙。

當你看到石頭和水，你一定會懷疑，怎麼可能？那麼堅硬的石頭怎麼可能被水所溶解？但事實就是這樣，那些河床上的沙土，海岸和海裡面的沙都曾經是堅硬的石頭，都曾經是堅若磐石的山巒，而現在卻溶解變成了沙。

看看小草，當暴風雨來襲，它似乎要被摧毀，但是不然，小草彎下腰來，並沒有被暴風雨造成傷害，反倒是執意挺直的大樹，被攔腰折斷。風雨過後，小草變得更清新，更翠綠，它又興高采烈地跳舞。看似嬌弱的小草，卻敵過強勁的風雨，這又是怎麼回事？

柔能克剛，水能穿石，這就是柔順的力量——透過臣服就能征服，不用抗爭就贏得勝利。

16

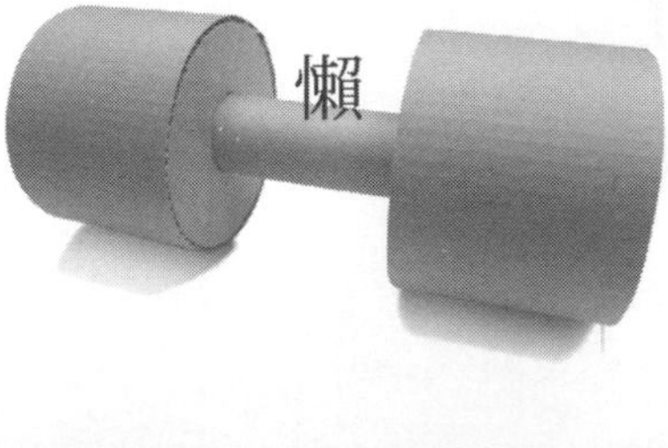

最後一課

Effortless Wisdom

《說苑》裡有一段對話，說的是以柔克剛，翻成白話大意是這樣：

韓平子問晉大夫叔向說：「剛強和柔弱哪一個更堅固耐久？」

叔向回答說：「我現在八十歲了，牙齒脫落了兩次，而舌頭還完好存在。老子曾經說過：『人活著的時候是很柔軟脆弱的，死後就變得堅硬剛強了。世上萬物及草木，當他們活著的時候也是很柔嫩美好的，而死後就變得乾枯僵直了。所以從這裡就可以看出，活著的人是柔弱的，死了的人是剛強的。』活著的人有了病傷是可以治好的，而死了的人身體若破傷一塊就會更加壞死。我因此知道柔弱比剛強更堅固耐久。」

平子說：「說得好啊！」

我想起蘇格拉底在彌留之際，他和弟子也有一段類似的對話。當時蘇格拉底已經奄奄一息，弟子們守候在旁，神色哀戚。

忽然，蘇格拉底的身體動了動。

「大概是老師要對我們做最後的囑咐吧！」大弟子哽咽地說。

只見蘇格拉底笑著點了點頭，同時用手一招，示意弟子們靠攏過來。等他們貼近時，蘇格拉底就慢慢把嘴張開，「請你們往裡面看！」

只見蘇格拉底有氣無力、一個字一個字地說道：「你們看見什麼？」

「只看見一根舌頭。」大弟子恭謹地答道。

「那牙齒呢？」

18

「一顆都沒有了！」

蘇格拉底勉強撐起身子，緩緩吐出這段話。

「這就是我給你們所上的最後一課，各位懂嗎？」

「老師，您走了，今後我們還能跟誰學習呢？」大弟子難過地說。

「你們可以向水去學習！」

Effortless Wisdom

120

這就是水

水，遇圓則圓，遇方而方，它沒有特定形式，而那就是它的形式，你把它倒入一個桶子，它成為桶的形狀；你把它倒入杯子，它就變成杯的形式，它具有無限的適應性和可塑性。人也應該像水一樣，放下自我，融入他人，讓自己存在無限的可能。

水，當它流入海洋時，不會永遠留在海裡。水會升上雲端，再化為雨水降下，滋養萬物。人也應該像水一樣隨遇而安，隨緣放下。

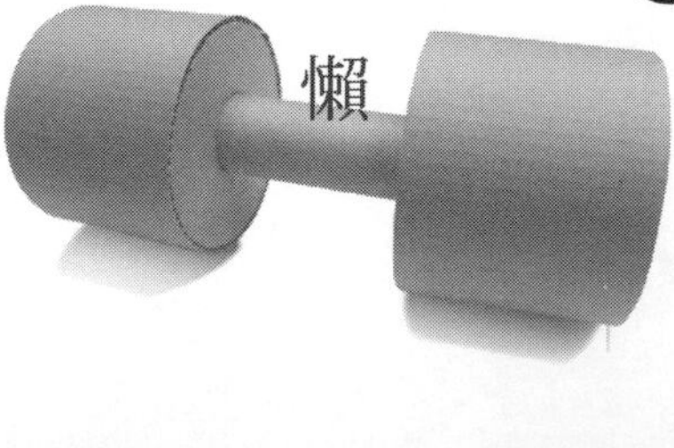

水，它可以存在清淨地高山上，也可以流入最汙穢的河床裡。老子說：「上善若水，水善利萬物而不爭。」人也應該像水不去分別，利萬物而不爭。

水看似善變，但本質卻不變。將水加熱，就會變成蒸汽，蒸發到天空凝集成雲，形式雖有生滅，本質卻是相同。

水看似隨波逐流，它總是順流而下，向下流入大海，然而當水流入大海，它並沒有消失，它反而變大了，它成了大海。

水看似低下，然而正因為低下而成就其大，它位在最低處，接納一切，不論山頂山下，乾淨汙穢的水，最後全都注入大海，成了海水。還有什麼比水流向更低處的嗎？然而又有什麼比水變得更大的？

這就是水，值得我們效法學習。

失意

你說：你很失意。為什麼你會覺得失意，是不是你想要某個東西，卻得不到，抑或是你不想失去什麼，卻偏偏失去，因為結果不是你希望的，所以你才覺得失意，對嗎？

為什麼你覺得你在損失？因為你想獲得；為什麼你會輸？因為你一直想贏；為什麼你覺得你是一個失敗者？因為你很想成功；為什麼你總是患得患失？因為你把得失都看得太重了，因此你變得緊張害怕，變得痛苦失意，不是嗎？

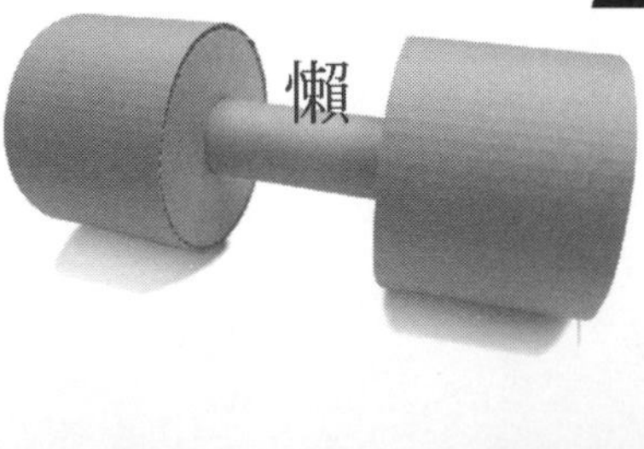

想一想，如果你不抱任何希望，你怎麼會失望？如果你不想贏，你怎麼會輸？如果你沒有試著要成功，那你怎麼可能失敗？如果你不計得失，那你怎麼可能患得患失？

失意是自己創造出來的，你覺得非常挫敗，那是因為你，如果你沒有任何期待，你可能挫敗嗎？不，那是不可能的，如果你沒有預期什麼，那你就不可能損失什麼；如果你被某人或某事打敗，是因為你想打敗它，你想得到的欲求太強烈了，那就是你很失意的原因。

甜美的紅辣椒

有時，人們明知某個投資是失敗的，為什麼不肯放棄？

有時，人們明知跟某人不可能有好結果，為什麼不願分手？

有時，人們明知某個食物難以下嚥，為什麼還繼續吞下去？

原因就出在「捨不得」。

就在幾天前，我讀到一則故事：

有個人離家遠遊，抵達一個小鎮。經過長途跋涉，他覺得很渴。他走到一座

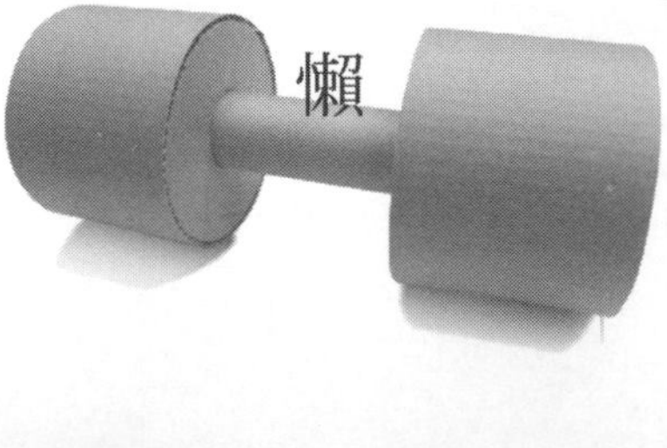

廣場，看到許多攤販在賣東西，其中有一個小販，在賣許多又紅又新鮮的水果。

「這些罕見的水果看起來好像很好吃，」於是他走到小販面前：「請幫我挑一袋。」小販沒說話，收下他銅板，裝了一袋紅果子給他。

那個人很高興，他在路邊坐下，開始吃水果。但是他才咬了一口，嘴巴就像吞下火球一般，產生灼熱的感覺。眼淚沿著面頰流下，他的臉漲紅了，幾乎無法呼吸，但他繼續把籃子裡的水果塞進嘴裡。

一個村民路過，好奇地問：「先生，你在做什麼？」

「我以為這種果子很好吃，」他喘著氣說：「所以我買很多。」

「這是紅辣椒，」村民說：「這樣吃不是很痛苦嗎？」

「是，」他說，又把一根辣椒塞進嘴裡：「可是我停不下來，我得全部吃完才行。」

「你真是個頑固的傻瓜！」村民說：「知道是辣椒了，為什麼還吃個不停？」

「我吃的不是辣椒，」他說：「是我的錢。」

了解了嗎？就是這種「捨不得」的心態，無論是金錢、事業、感情，一旦人們在上面投資時間與精力後，就很難放不，然而往往也因此讓自己失去更多。

想一想，你在金錢、工作、感情上，是否也吃過誤以為是「甜美水果」的紅辣椒？你還繼續在吃嗎？

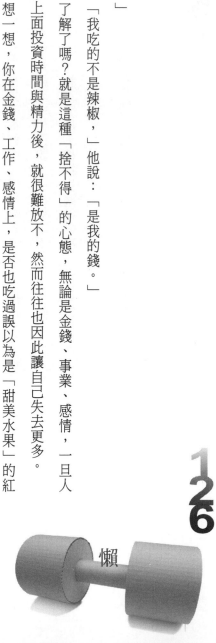

Effortless Wisdom

患得患失

一位患得患失的企業家，向經營大師威廉・詹姆士請教解決之道。大師並沒有直接告訴他答案，只是叫他去拉斯維加斯的賭場玩玩輪盤賭博。

一星期後，他像小孩子似地衝進大師房裡，同時還興奮地大叫：「我想通了！在賭桌邊，我豁然開朗啦！……」

「你想通什麼？」大師望著眉飛色舞的企業家。

「我注意到那些人都有一個特點：下注前，他們毫不在意，可是當輪盤一開始轉動，他們卻都七上八下，個個都開始患得患失。」

企業家停了一下，繼續說道：

「我突然覺得這些人好傻，因為如果他們要擔心，也應該在下注之前，在那時候多動動腦筋可能還管用些。之後，賭注既然已經下了，而輪盤也已經旋轉，就不妨以輕鬆的心情靜待結果。假如此時再傷腦筋，也只有徒增驚懼，一點用處都沒有。」

大師頻頻點頭。最後那位企業家作了結論，他說：

「經營事業也是如此！在下決策時，就該多方思考利弊得失；等到付諸實行後，就毋須掛心，也不必患得患失。」

他說得對，當我們在處理生活各種大大小小的事，只要做到「盡人事」，已經盡力了，其他就隨緣吧！

亂槍打鳥

奧運比賽的射擊項目裡，有一個很有趣的競賽，叫做「不定向飛靶」，它相對於我們習慣看的同心圓靶，兩者是完全不同。「不定向飛靶」其實很像亂槍打鳥，飛靶被拋得高高遠遠的，卻又不一定從哪個方向跑出來，所以想瞄準「射中」，機率當然非常低。

這情形很像股票投資，你可以分析或預測，但股市瞬息萬變就像「不定向飛靶」，你根本無法掌握。很多專家對股市似乎瞭若指掌，分析為什麼漲或跌，預測何時進或退，說的頭頭是道，但如果你長期去注意股市，其實那也只是在亂槍打鳥，參考參考就好啦！

美國的《富比士》雜誌曾做過一個測試，他們投資二萬八千美元買了二十八家上市公的股票（每家買一千美元）。

他們完全不去分析各上市公司的本益比，也沒有請教什麼股市專家或經紀人，而是將《紐約時報》的股票版釘在牆上，用擲飛標的方式亂射，「射中」哪家公司，就買哪一家。

結果在十七年後，這二萬八千元的股票增值為十三萬一千九百九十七元，獲利四七○%，換算成利息的話，平均每年有九·五%的複利。根據經濟學家馬爾其的分析，在同一時間內，只有極少幾家共同基金的獲利能力比它好。

也許有人認為這只是「運氣好」，但根據馬其爾的進一步分析，以電腦隨機購買所得的結果跟《富比士》雜誌差不多，而且大大超越了由專家操作的共同基

金。

沒錯，很多事情並不是費力就好，像樂透彩卷的幸運號碼，有人費盡心思、求神問明牌，還不如「電腦選號」中得多。那些隨便買幾張的，往往還比包牌的獲利更多。

懶人理財法

Effortless Wisdom

如果說投資世界裡有個最重要的觀念，我想那就是複利作用的概念。

什麼是複利作用？舉個例：如果今天你拿出一塊錢來投資，每天賺取一〇〇%，也就是第二天變成二元、第三天是四元的話，一個月（三十天）過後，你會有多少錢？

一千？一萬？十萬？一百萬？一千萬？一億？

都不是。答案是十億。

很可觀吧！這就是複利作用。當然，要找到一天報酬率一〇〇%的投資管道並不容易，但這也道出複利作用的巨大威力。

著名投資大師巴菲特，他非常了解複利的威力，所以從很年輕時就把錢都拿去投資。但是他從不因為高報酬而參與風險很高的投資。反過來，他採取穩重保守的投資策略，只求不錯的報酬率就好。

巴菲特認為，如果一項投資有風險的話，給你再高的報酬率也是沒用的，因為那風險並不會因此而減低。所以他只尋找風險幾乎等於零的行業和公司，報酬率雖然較低，但長期複利累積下來就可以輕鬆地獲得可觀的報酬率。

其次，他分析公司時，完全不管股價，這跟一般人是完全不同。他說：「一家優秀的公司，不管股價高或低，都是優秀公司；一家差勁的公司，不管股價高或低，都是差勁的公司。」他關心的是公司的盈利，而不是股價，所以不管股海如何動蕩不安，他都可以「不動如山」。

你可以說這是「懶人」投資法，但如果你認為這種投資策略太消極無為，那你就錯了。巴菲特透過「無為而治」不僅縱橫美國股市，創下十年不敗的神話，而且僅靠投資就名列世界十大首富之一，他的財富僅次於比爾蓋茲，誰說「無為」就是「沒有作為」呢？

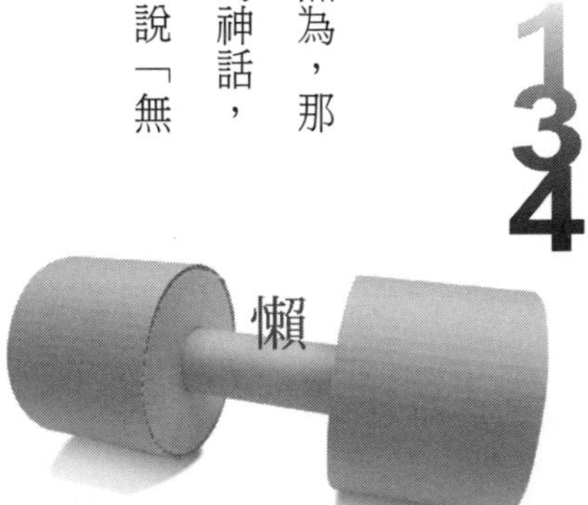

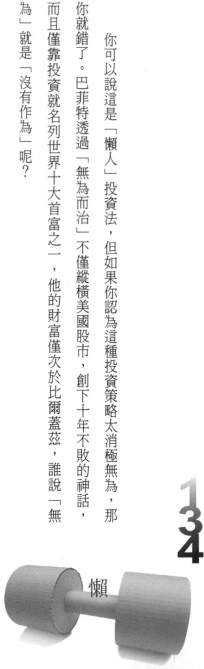

解決，還是製造問題？

經常，當我們試著去解決某些問題的時候，往往曾製造出另一堆問題。

比方說，為了殺死細菌，我們服用抗生素，但是當廣泛的使用，反而製造出更難對付的病菌，於是我們就需要更多、更強的抗生素。

為了殺蟲，我們使用殺蟲劑，但是當藥用的越多越廣，抗藥的基因就越發展。像早期 DDT（殺蟲劑）的大量使用，現今很多農場、果樹和森林裡的昆蟲已不怕 DDT 了。更麻煩的是，殺蟲劑消滅了大量的寄生蟲，更使得毛毛蟲沒有剋星，只好任由毛毛蟲橫行。殺蟲的結果，反而製造出更多的蟲。

夏天天氣悶熱，大家都開冷氣，把熱氣排到室外，結果室外溫度不斷升高，產生「都市熱島」效應，然後，大家就必須把冷氣開得更大更強，就這樣惡性循環下去。

吸塵器固然是清理環境的好幫手，然而在吸取灰塵的同時，也會把蟎糞（塵蟎的糞便，是誘發過敏主要原因）揚起，懸浮在空中，使得空氣裡的蟎糞密度是原來的三倍。

芳香劑可以使空間充滿芳香，但是，當芳香劑中的酚、苯等化學成份揮發出來，吸入人體，就會損害肝、腎的健康。像染髮劑也是一樣，在染髮劑中，許多是使用會使芳香族氨類酸化發色的染料，而這類有毒的芳香族氨類，若長期使用，對肝、腎機能也會造成危害。

我想起一則故事：有個人，手總是不由自主地發抖，當他吃東西、喝飲料的時候，都會弄髒衣服，所以他的每一件衣服上面都沾有各式各樣的汙點。

朋友告訴他：「你怎麼不去找從事化學工作的人？他們應該會有法子可以洗掉這些汙點。」

於是他就去找，一個星期過去，朋友再見到他時，發現他的衣服比之前更髒，不由得納悶地問：「怎麼回事？你沒有去嗎？」

他說：「有啊！我有去了，他們一種化學藥劑效果很好，所有的汙垢都沒了，我現在需要的是找到另一種方法，來洗掉那些藥劑所留下的汙點。」

這是在解決問題嗎？還是在製造新的問題？

做！

有一天，有個人來找村子裡的牧師，他覺得非常困擾、非常憂心煩惱。

他說：牧師，你一定要幫助我，我陷入很大的困難，我的第十二個小孩今天出生，我是一個窮人，我養不活我自己、我太太和十二個小孩，你可以了解我的困境，請你告訴我，我要怎麼「做」？

那個牧師跳了起來，他激動地說：做？你聽取我的忠告，什麼事都別做！

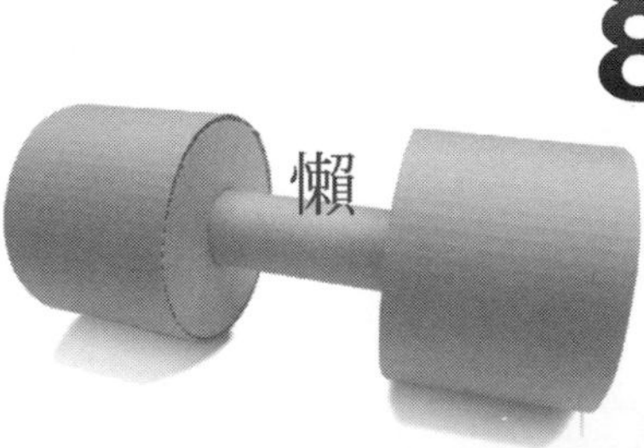

空城計

你有沒有遭小偷的經驗？

去年我辦公室，就曾發生過一次。

記得那天一早，剛踏進辦公室，就發現氣氛不對勁，同事們都議論紛紛。

原來，是前夜遭小偷了！同事們深鎖的抽屜和鐵櫃都被撬開，裡面值錢的東西被偷個精光。

忐忑不安地拉開未上鎖的抽屜，往裡面一看，所有的東西竟然原封不動，其中還包括一支友人送的珍貴名錶。

「這怎麼可能？為什麼小偷沒翻我的抽屜？」正當為自己的幸運百思不得其解，耳畔傳來對面的同事抱怨：「這小偷也太狠了，我上下都加裝了鎖，竟然還有辦法撬開。」

啊！我明白了，原來我的幸運是因為未上鎖。人有個心理，總認為會上鎖的，裡面必定擺著貴重或值錢的東西，正所謂「此地無銀三百兩」，否則又何必上鎖？

像我的基金會以前也被偷過，結果也是：只要鎖起來的抽屜通通被打開，沒有鎖的連拉開都沒被拉開。小偷的「時間寶貴」，沒有那麼多閒功夫……

想不到，自己懶得上鎖，竟成了絕妙的「空城計」。

Effortless Wisdom

平常心

一個外科醫師幫病人手術是很正常的事，但如果手術檯上是他孩子，他就會緊張焦慮，即使他非常權威，但是現在是他的孩子在那裡，失去了「平常心」，就容易表現失常。

一個表演者和比賽者如果太在乎名聲，太刻意表現，一旦太求好心切，有了得失心，不但無法超常，反而容易失常。

記得旅日圍棋高手林海峰出戰坂田九段時，林海峰曾提及他的老師吳清源告訴他：下棋的要訣就是「平常心」，不要操切求勝，臨陣要洋洋如平常，才不致舉動毛躁、表現失常。「平常心」遂成了日本棋道界修養的功夫。

莊子也曾以射箭做比喻，大意是這樣：當一個弓箭手在射箭是為了好玩，他擁有他一切的技術。如果他是為了一個黃銅作獎牌而射，他已經會緊張；如果他為一個黃金作獎牌而射，他的眼睛會瞎掉，或是看到兩個目標（靶心和獎牌），他已經心神錯亂。

他的技術並沒有改變，但是那個獎品使他分裂，他會介意，當他愈在意得失，他就愈失常。當一位弓箭手目光盯著獎品，他肯定射不中靶心，也得不到獎品。

樣樣抓，樣樣掉

春秋時代，楚國有個擅長射箭的人叫養叔。他能在百步之外射中楊樹枝上的葉子，並且百發百中。

楚王羨慕養叔的本領，就請養叔來教他射箭，養叔便把射箭的技巧傾囊相授。

楚王興致勃勃地練習了好一陣子，漸漸能得心應手，就邀請養叔一起去打獵。

野外，楚王叫人把躲在蘆葦叢裡的野鴨子趕出來。野鴨子受驚後振翅飛出去，楚王彎弓搭箭，正要射獵時，忽然從他的左邊跳出一隻小山羊。

楚王心想，一箭中山羊要比射中野鴨子更有價值。於是楚王又把箭頭對準了山羊。

可是正當此時，右邊又突然跳出一隻梅花鹿。楚王又想，若是射中罕見的梅花鹿，價值比山羊又不知高出多少，於是楚王又把箭頭對準了梅花鹿。

忽然大家一陣驚呼，原來從樹梢飛出了一隻珍貴的蒼鷹，振翅往空中竄去，楚王又覺得還是射蒼鷹好。

可是當他正要瞄準蒼鷹時，蒼鷹已迅速地飛走了；楚王只好回頭來射梅花鹿，這時梅花鹿也逃走了；只好再回頭去找山羊，可是山羊也早溜了；甚至就連那一群鴨子都飛得無影無蹤了。

楚王拿著弓箭比劃了半天，結果什麼也沒射著。

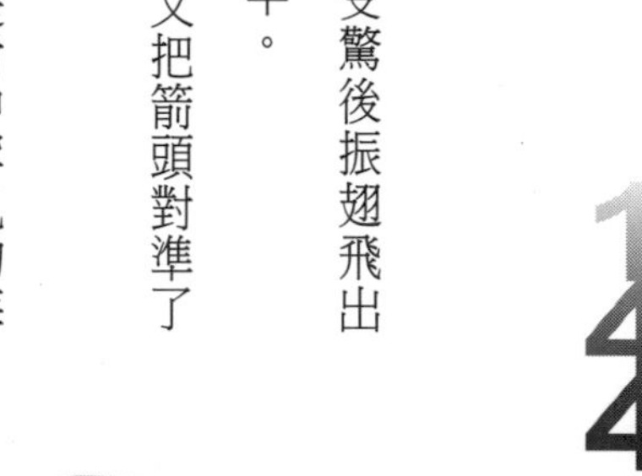

樣樣抓，樣樣掉。套句作家王蒙的話：「一個人要有所不為才能有所為，一定要放棄許多誘惑，才能有所為。」追兩隻兔子的人，往往一無所獲。

146

Effortless Wisdom

你悟到了嗎？

有位學生問禪師，自己要耗費多少時間才能開悟。禪師回答說：「約十五年。」

學生訝異地說：「什麼，十五年？」

「唔，恐怕得費個二十五年。」

「什麼，需要花二十五年那麼久！」

「仔細想想，可能要花五十年之久。」

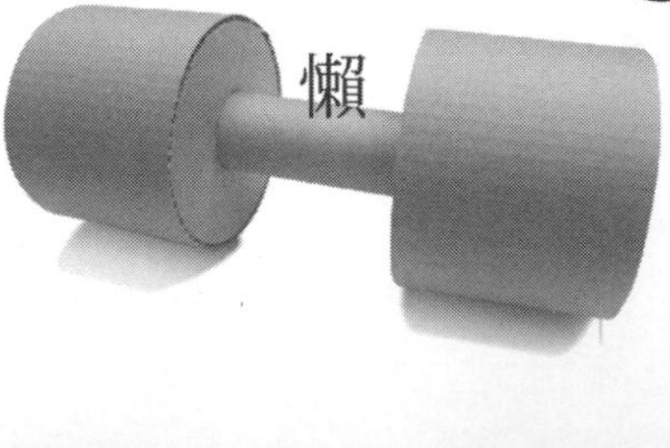

開悟需要多少時間？可以是十五年，也可能要五十年，那要看你渴求的程度，如果你急著去追求，就必須花費更長的時間，而如果你放下一切渴求，你很快就開悟。

你不可能同時渴求又開悟，你只能擁有其中一種。如果你追求，你就不可能開悟，因為追求就是開悟的障礙。

有一天，趙州和尚問南泉禪師：「什麼是道？」

南泉說：「平常心是道。」

趙州問：「道可以追求嗎？」

南泉說：「當你想要追求它時，就離它越遠了。」

問題不在找尋或追求，問題在於放下努力，讓它自然發生。

道是要去悟，而不是去求；要悟道，而不是求道，你悟到了嗎？

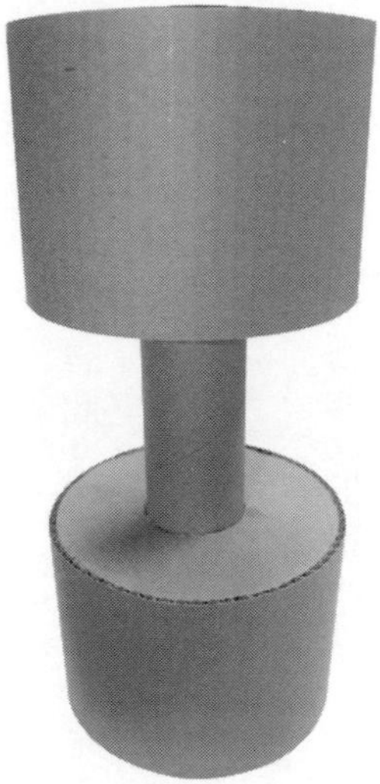
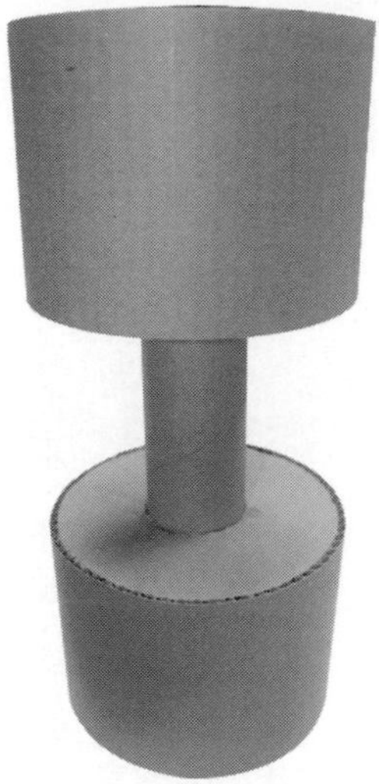
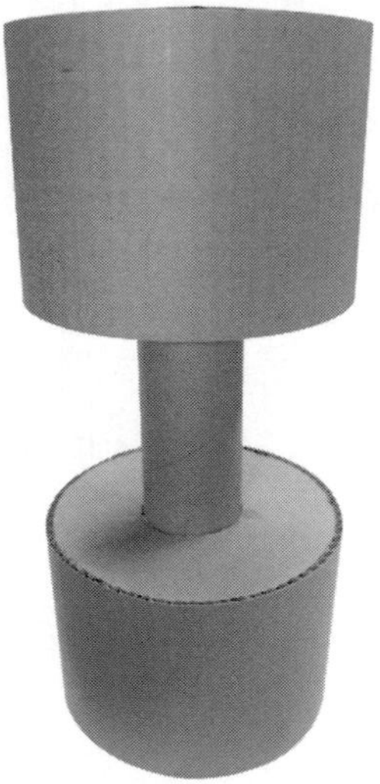
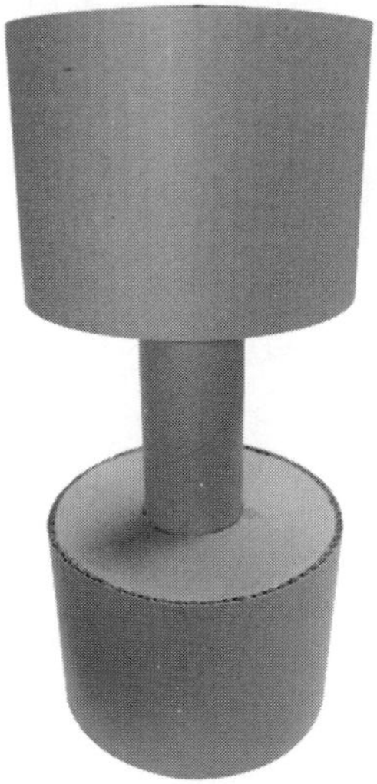

寄李億員外　魚玄機

羞日遮羅袖，愁春懶起妝，易求無價寶，難得有心郎。
枕上潛垂淚，花間暗斷腸。自能窺宋玉，何必恨王昌？

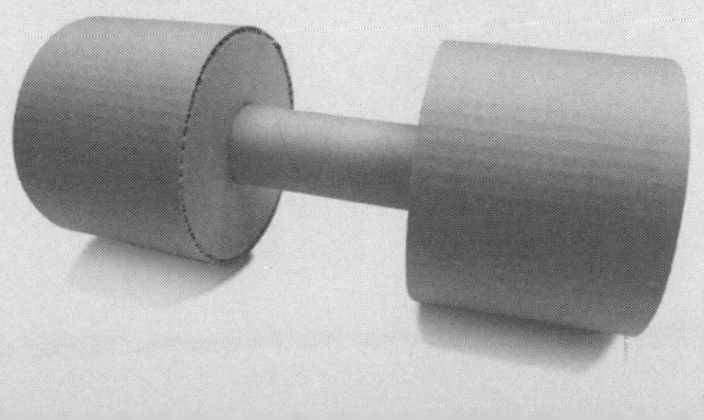

Effortless Wisdom

150

在乎結果

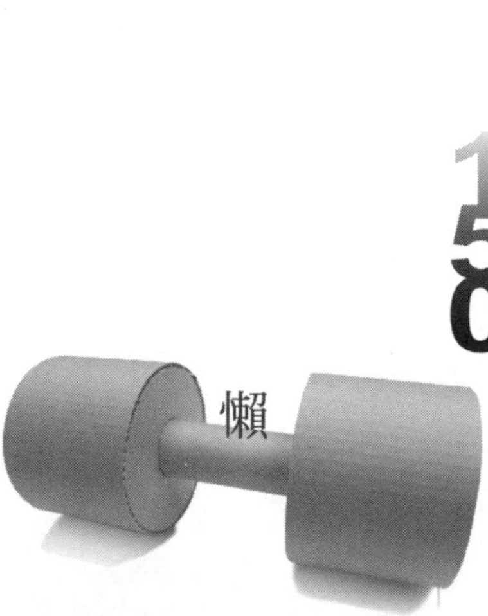

你有沒有懷疑過為什麼人長大以後，就失去生命所有的喜悅？

你看看周遭那些年長的臉孔，是不是很陰鬱、很緊繃，總是拉長著臉，每個人似乎已經失去樂趣、失去歡笑，即使是在遊戲享樂，也能搞得很嚴肅。

原因就出在人們做任何事多半是以「結果」為導向的，如果你很在意結果，你當然很難快樂，你會患得患失，即使當你下棋、玩牌、打球，你也不是在享樂，你是在為勝利而玩，你會帶著緊張、焦慮……遊戲是不重要的，只有結果才重要，這就是許多人失去歡樂的原因。

一個太在乎結果的人會將別人當成手段來利用。你會去想：「那個人對我有什麼好處？」「我會從中得到什麼？」當你帶著目的在與人交往，你希望透過交往得到一些好處，你在追求一個結果，那你怎麼可能放鬆和享受呢？

現在重點是在交易，而不是交情；你關心的是如何得到好處，而不是如何好好去享受；你的興趣不是在遊戲，而是在於如何得到勝利，這樣你的生命當然會無趣。

在遊戲當中，你的興趣是在好玩，那是一種樂趣，但是在結果當中，你興趣並非在玩樂，你的興趣是在輸贏。當你一心想贏，你就錯失了樂趣；當你一心想著生意，你同時也失去了喜悅，你年紀愈大歡樂就愈少，因為你變得愈來愈以結果為導向。

152

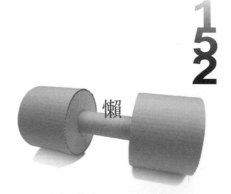

Effortless Wisdom

這是積極嗎？

一個目標指向的人會快速講話、快速吃東西、快速做完工作，甚至快速修行，不管他在做什麼，即使沒有這個必要，他也會把事情搞得緊張兮兮。

為什麼要那麼快？因為有了目標，就有時間的問題，如果不趕快，那要到什麼時候才會到達目標？所以，速度要趕一點，動作必須快一點。

人們凡事講求效率，說什麼那是積極。然而快就是積極的嗎？正好相反，快是由人的惰性所創造出來的。為什麼要快？這樣你才可以早點休息，一旦你抵達了，你完成了目標，你就不必積極，你就可以享受了，對嗎？

所以你可以看到，一個急著達成目標的人，會變得匆忙，會變得沒有耐心，甚至會變得狡猾——如果你循正當途徑無法成功，無法賺到錢，那或許需要花很長的時間，但如果能夠作弊、詐欺、貪汙、賭博、簽彩券……那不是更快？為什麼要走遠路？

這是積極嗎？當然不是。一個真正積極的人，沒有抵達目標的野心，他不會去追趕，因為他的目標不是去到哪裡，而是投入當下。

Effortless Wisdom

你並沒有贏

154

勝利固然歡喜，但也種下了憎恨之因，因為敗者正在受苦。

人會互相樹敵皆因相同目標的追求。當你想贏，就會有競爭；當有競爭時，你會充滿敵意，即使是好朋友也可能變成敵人。

因此，如果你想得到的是友誼，是和諧，是最後的勝利，記住，要先放下輸贏，一旦你不再想贏，這樣你就不可能輸，因為你將贏得別人對你的情誼，贏得內在的和諧喜樂，贏得真正的勝利。

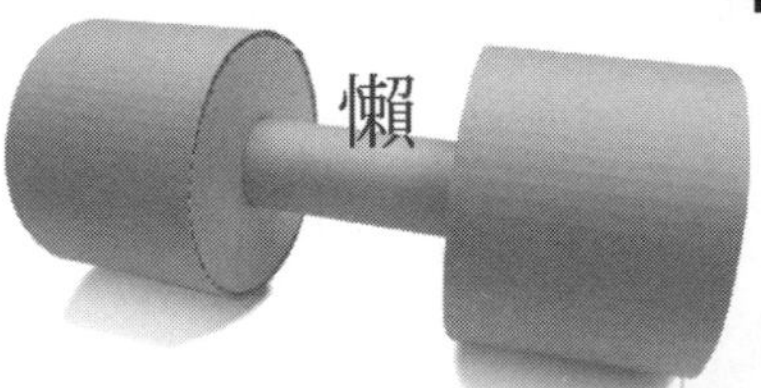

說一則有趣的故事：有一次考試，小強考得不理想，媽媽有些不高興地問他：「你這回是怎麼考的？以前你都是班上第一名，讓媽媽多麼的驕傲啊！」

小強想了想回答：「可是，每個同學的媽媽，都希望因為自己的孩子第一名而驕傲，如果我每一次都考第一，那她們該怎麼辦呢？」

他媽媽一聽，頓時啞口無言。

當你以一種遊戲的態度看待成敗得失，那樣即使失也是得，雖敗猶榮，這就是「老二哲學」——把第一讓給別人。

如果你是一個真正的贏家，你一定懂得讓別人贏，而不是剝奪別人的勝利，因為這樣你並沒有贏。

Effortless Wisdom

你是有價值的

156

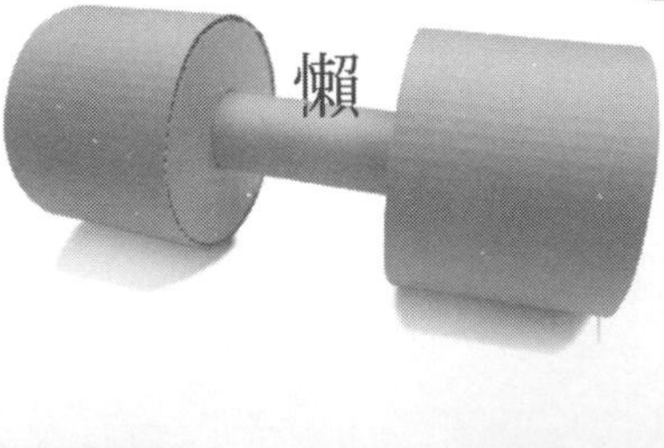

說來也真的很可悲，在我們現有的教育系統下，一個孩子的價值，往往是建立在他有沒有「達成」父母、老師或社會的標準和期待。從小的時候，你就一次又一次地被教導，哪個價值必須被達成，哪個價值必須被證明，你從不認為自己是有價值的，你必須不斷地追逐、累積、競爭、佔有，來創造你的價值，來獲得別人的尊重。

然而，獲得尊重並不等於擁有自尊，情形正好相反，需要別人尊重的人，反而是低自尊的表現。很多人只有在自己是一個贏家、得到勝利成功或被別人肯定時，才覺得自己有價值，因而當他們失去了這些，也就失去自我的價值，這樣的人，其實是非常沒有「自尊」的。

自尊（**self-esteem**）是指一個人無論成功與否，是否達成目標，是否獲得認同，都能喜愛自己的能力。有自尊就是有自信；一個有自信的人不會在乎別人的評價。

是的，你是有價值的，那是因為你本來就有價值，而不是因為你做了什麼。重要的是**Being**，而不是**Doing**；你的存在才是重點，而不是你必須達成什麼。

錯沒有錯

有人成功，就一定有人失敗，有時候換個口味，失敗也不錯，因為那是去學習的唯一方法。

當你失敗的時候，至少你已經知道什麼是錯的，你會知道下次要怎麼做，如果你從不犯錯，你哪知道？你還是無知、你永遠也學不到。

一個人犯的錯愈多，他學到的就愈多，你可以學習謙虛，你可以學習接受挫折，你可以學習接受生命給你的一切，所有這些事情都將使你成熟，都將帶給你

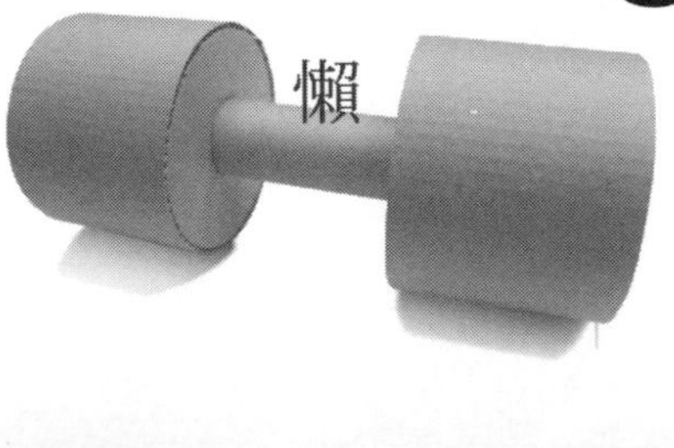

成功，到時候，誰會去管誰曾經勝利，誰曾經失敗？

我所接觸過、聽過和閱讀過的成千上百成功者，從沒有一個是不曾失敗過的，而且失敗越多越大的人，成功的果實往往就越豐碩。

很顯然，失敗是成功必要的過程，也是必要的投資，成功或許沒有一定的章法可以依循，但每一次失敗你都可以從中學習到許多心得，這是成功所學不到的。

所以，請允許自己犯錯，也接受別人的錯，唯一要記住的事情是，絕不要再犯同一種錯誤，那錯誤就永遠沒有錯。

Effortless Wisdom

隨緣而喜

何為緣？何為隨緣？

世間萬事萬物有得就有失，有緣起就有緣滅，這即是緣。

緣起即有緣，緣滅即無緣。是你的，不會失去，就算失去了，也會在隔些時日以另一種方式回來；不是你的，求也求不到，縱使求到了也是稍縱即逝。

當人漸漸成熟就會變得愈來愈隨緣，因為他們已經了解事情就是這個樣子，他們知道沒什麼好計較，他們知道很多事是強求不來的；而不成熟的人非常計

較，他們無法接受現狀，他們努力掙扎，患得患失，但到頭來卻往往失去更多。

達摩說：「得失從緣，心無增減。」一個隨緣的人，就是懂得接受「那個已經是的」，他不會去抗拒，不會去執著，不會刻意強求「那個不是的」，因此也切斷了所有痛苦的根。

所謂「各有因緣莫羨人」。得到是緣份，失去表示緣盡。就像明朝大智禪師說的：「有緣即往無緣去，一任清風送白雲。」

這就是隨緣！

162

強求不來

曾經以為只要對一個人好，他就會變好，現在才知道，不管你怎麼對他好，他都不可能變好。

曾經以為只要用真心，他就不會變心，現在才知道，不管你付出多少，真心都可能換絕情。

曾經以為只要愛一個人，他就會愛著你，現在才知道，不管你付出多少愛，他也可能愛上別人。

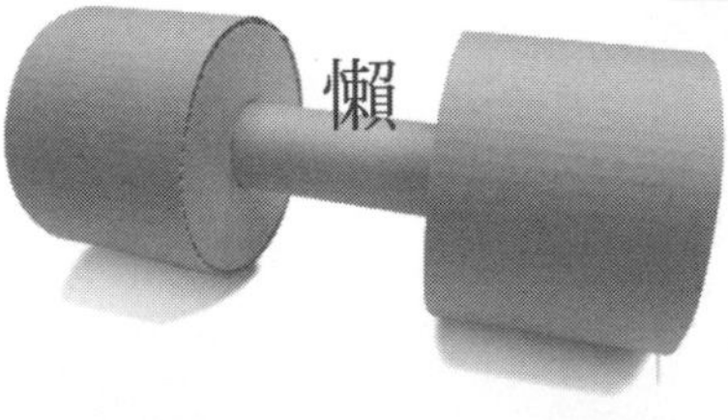

曾經以為自己不可能再愛上別人，現在才知道，很多不可能都是可能的；曾經以為自己是不幸的，現在才發現自己其實是幸福的。

努力去求，不一定求得；懶得去求，未必就不會獲得。

得與失，幸與不幸，總是在事過境遷你才體悟到——那是強求不來的。

Effortless Wisdom

隨遇而安

很久以前，一家禪院的草地枯黃了一大片。

「撒點草籽吧！好難看喔！」小和尚說。

「等天涼了。」師父揮揮手，「隨時！」

中秋，師父買了一包草籽，叫小和尚去播種。

秋風起，草籽邊撒邊飄。

「不好了！好多草籽都被吹飛了。」小和尚喊。

164

「沒關係，吹走的多半是空的，撒下去也發不了芽。」師父說，「隨性！」

撒完草籽，跟著就飛來幾隻小鳥啄食。

「糟了！草籽都被鳥吃了！」小和尚急得跳腳。

「沒關係！草籽多，吃不完！」師父說，「隨遇！」

半夜一陣驟雨，一大早小和尚衝進禪房：「師父！這下真完了，好多草籽被雨水沖走了！」

「沖到哪兒，就在哪兒發芽！」師父說：「隨緣！」

一個星期過去了。原本光禿禿的地面居然長出許多青翠的草苗，一些原本沒播種的角落也泛出了綠意。

小和尚高興得直拍手。

師父點點頭說：「隨喜！」

隨時、隨性、隨遇、隨緣、隨喜，如是隨緣而喜，如此隨遇而安。

Effortless Wisdom

166

忘我

每天你都在講話，跟自己的親朋好友談天說地，那都沒問題，然而一旦要你上臺跟別人講幾句話，事情就變得很困難，這是怎麼回事？為什麼一旦要你對一群人說話，整個情形就變得不對勁？

每天你都在走路，那是自然不過的事，現在試試看，上臺走個臺步或隨便走一段路給大家看，你會怎麼樣？你會覺得彆扭，會變得不自然，甚至還會同手同腳，對嗎？為什麼？

這都是因為你的「自我」在作祟。你意識到有很多人在看你，注視你，所以你開始變得不安。你會想到你的樣子怎樣，你應該怎麼講或怎麼走，要怎麼表現最好，給人留下好的印象。因此你變得恐懼、焦慮、害羞……手腳不聽使喚。

有一則蜈蚣的老故事：有一隻蜈蚣就跟平常一樣自在地生活著，直到有一天，青蛙問他：

「嘿，你走路時，是哪隻腳在前，哪隻腳在後？」

當這隻蜈蚣困惑地想這個問題，突然不知道如何走路。

情況就是這樣，當你對自己有了「自我」的意識，一切就變得困難……

那該怎麼辦？很簡單，只要「忘我」就夠了。如果你在走路，除了走路，一切都忘了；如果你在演講，除了講題，什麼都不去想。一旦你不刻意去表現自己，那最好的表現就會出現；一旦你把自己忘了，那些原有的緊張不安就會隨之消失。

「我的」腳好痛

168

我聽說有一個年輕婦人，她參加了禪坐的研習。然而才開始沒多久，她就不斷扭動，整個時間都在撫弄著自己的腳踝，一下子把腳伸出去，一下子縮回來，一下扭到身後，動個不停。

老師靠過來，悄聲告訴她：「妳必須靜止不動，這樣才能學好禪坐。」

她說：「但是我的腳好痛。」

老師回答：「這個房間裡大多數的腳跟你一樣都在痛，你必須先忘了自

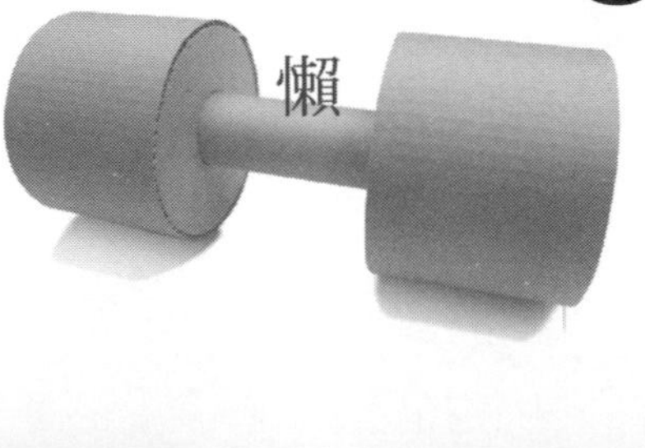

己。」

「我的」腳好痛，那別人的腳難道都不痛嗎？

人生什麼最痛苦？自己的痛苦最痛苦。你看電視上，超級大颶風，世紀大海嘯，連環大車禍，即使有人死傷慘重，或被壓得殘肢斷背，但他們比得上你的痛苦嗎？不，只要讓你餓個幾餐，你就哇哇大叫，還管什麼非洲有多少人在鬧饑荒；只要讓你斷一根手指，你就可以哭天搶地，還管他伊朗地震死了多少人。

所以，自己的痛苦最痛苦，難道不是嗎？

要解除痛苦，你必須先轉移注意，把對自己的關心轉移到對別人的關心，深入去體會別人的痛苦，那麼當你慢慢忘掉自己，你的痛苦也會慢慢被遺忘。

Effortless Wisdom

16

你害怕什麼?

有一個病人為恐懼所苦，他感到困惑：「為什麼我會怕東怕西？請告訴我要如何去除這種恐懼。」

「我無法幫你去除，」我直接告訴他：「你需要的是去了解，了解為什麼你會恐懼，而不是找人幫你去除。」

是的，問題不在去除，而是在了解。每當你開始害怕，你必須深入去看你的恐懼，看看它來自那裡，是不是因為你的欲望，你有很多欲望，你想要有錢，想

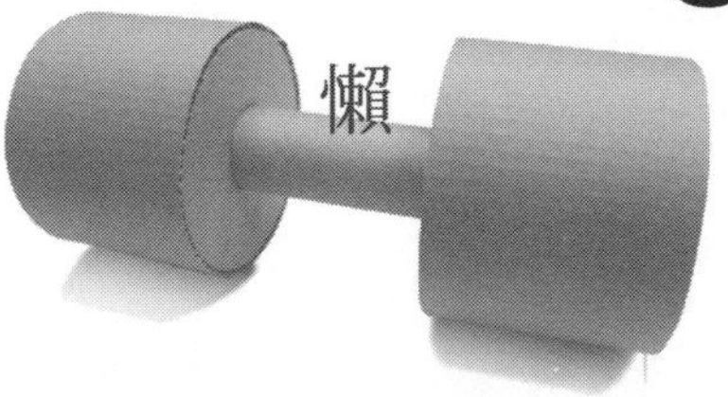

要有名，想要得到成功，想得到肯定，想上天堂……你想得到這些又害怕失去，這就是恐懼的由來，不是嗎？

你想得到那個人認同，如果他不認同怎麼辦？你想討那個人歡喜，萬一他不喜歡怎麼辦？你想獲得那個職位，想通那這個考試，想談成這筆生意，想要這個又害怕失去那個，然後你就開始擔心害怕，對嗎？

如果你對那個人一無所求，你害怕什麼？如果你對那件事和那個結果沒有任何期待，你還會有任何恐懼嗎？

所以，問題不在去除那些恐懼，問題在去除你的欲求，去除你的企圖，去除你一直在試圖成為的那個。

如果你什麼都不在乎，那麼就沒有任何人和事能讓你恐懼。

Effortless Wisdom

172

想成為什麼

世上最容易的一件事就是成為你自己。沒比這更容易的事了，你根本不需要任何努力，因為你早已是自己了。

但是人們卻不那麼想，似乎每一個人都想成為別人。你看到一個明星，你就想成為一個明星；你看到一個有錢人，你就想成為有錢人；你看到一個姣好的身材，你就想成為姣好的身材；每個人都想成為除了自己以外的人。

「想成為什麼」並不是你本性的狀態，因為如果你是，你就不用去想；你會

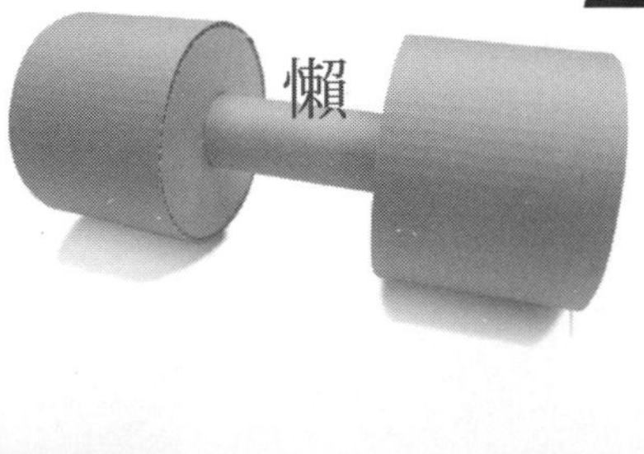

去想，就表示你並不是。你想成為你不是的，麻煩就在這裡。做一個不是自己的人，永遠都不可能做好，即使做好了那也不是自己。

橡樹的種籽變成大樹，那沒問題，因為它已經是那個，樹木已經在它裡面，種籽要做的只要把它顯露出來。但是一朵玫瑰的種籽不能變成一顆樹，一顆橡樹也開不出玫瑰花，不管它怎麼努力，那都是不可能的，它無法變成它不是的。

所以，問題不在你想變成什麼，問題在於你必須先了解自己——你是什麼，問題在於你要如何把那個你是的顯露出來。這有如米開朗基羅在打造石雕的過程，你必須在一顆石頭裡面先看出「它是什麼」，然後再把它顯露出來。

你需要做的，是深入去看那個你是的，而不是去追求那個你想成為的。

石頭切割工人

有一個故事說，一個不快樂的石頭切割工人，他工作很辛苦，工資卻很微薄，所以他感到不滿。

有一天，他經過一個有錢的員外家，看到員外有錢有勢，大家都對他非常崇敬，他心生羨慕說：「我真希望變成和他一樣！」這時候，突然出現一個神仙對他說：「從現在起，不管你想成為什麼，都會馬上實現！」

於是他開始想，竟然就真的變成了這個員外，擁有以前想都想不到的權勢和

174

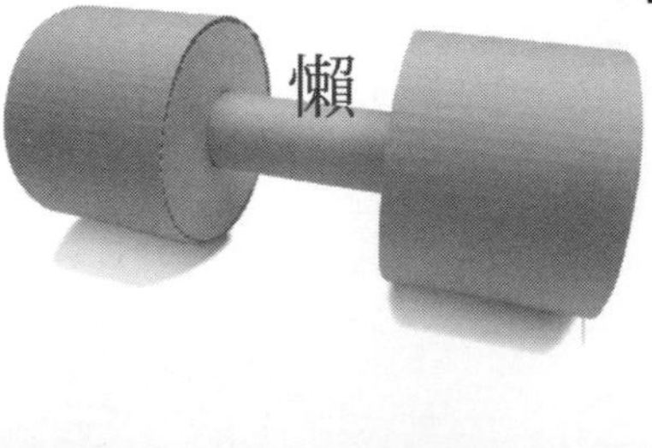

懶

財富，可是在此同時，他也開始擔心起盜匪和小偷。

然後有一天，一個大官經過這裡，車隊圍著許多僕人和護衛。每個人見到這個大官都要跪拜，他是更有權力和更受崇敬的人。

正在想的時候，他的願望又實現了，他馬上變成了這個大官，每個人在他面前都要鞠躬跪拜。可是這個大官每天都很忙，要見很多人，處理一大堆事情，還要到處巡視。

有天正午，他在馬車裡覺得悶熱難熬，他抬頭望著天空又大又熱的太陽，他說：「多麼偉大啊！真希望我能變成太陽。」馬上，他又如願地變成了太陽，高掛天空照耀大地。

他正得意，然而才過一會，一大片烏雲飄了過來，遮住了陽光，他又想：「原來雲比太陽厲害，真希望我能跟雲一樣！」結果他馬上又變成遮住陽光的雲，不久，一陣風吹過來，把雲吹走，「哇！真希望我能像風一樣強大。」他想著的時候，又已經變成了風。

強大的風可以把整棵樹拔起來，也可以摧毀整個村莊，可是它怎麼也吹不動大石頭。石頭屹立不搖，抵抗著風。「石頭真是太了不起，我想像石頭一樣堅強有力！」

他想著，然後他變成了抵抗風的大石頭，他是世上最強大有力的了。可是這時他突然聽到一個聲音：鏗！鏗！鏗！斧頭敲擊著石頭，把它劈開，一片一片地劈開。「天吶！還有什麼比這個人更強大有力！」他想，然後他變回原來的自己——石頭切割工人，但此時的他卻是滿足的。

滿足並不需要去到那裡，你已經在那裡，你只是離開它而走遠；

滿足並不需要尋找什麼，你並沒有失去，你只是把它遺忘而已；

滿足並不是要成為什麼，你已經是了，只要活出自己，你就是那最強大有力的。

說得更明白一點，滿足就是了解一個事實：「我就是我想要成為的，如果你想成為別人或別的東西，那你永遠不可能滿足。」

178

自然美

不論何時，當你順其自然，讓事情自然發生，它總是完美的；當你試圖要表現什麼，試圖要完美，那你就不可能完美。

面對相機或攝影機的鏡頭時，我們擔心拍出來的照片看起來不自然，所以常會刻意擺姿勢或故作輕鬆的表情。結果，越是這麼做，就越不自然。

參加面試或與人見面時，我們都希望給對方留下好印象，然而越是在乎形象，就越難有自然的表現；而無法表現自然，當然就很難給人留下最好的印象。

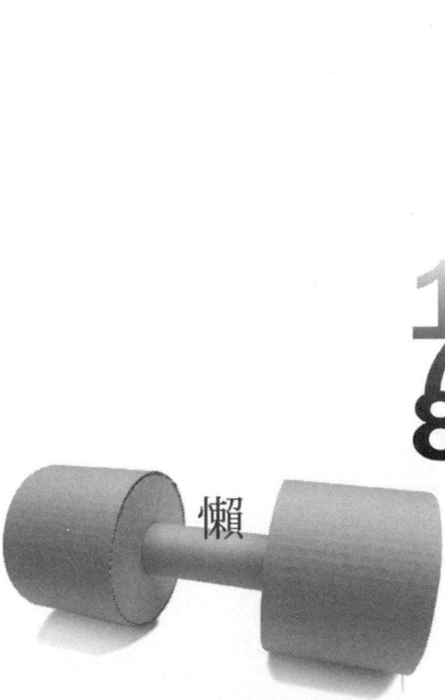

一旦你想要有「什麼樣」的表現時，刻意的努力即成了障礙，因為你想「表現的樣子」已經取代了你「原來的樣子」，不是嗎？

自然就是美，刻意讓自己完美，就不再自然，也就不可能是完美的。

Effortless Wisdom

180

有自己的味道

要成為美，問題不在要如何讓自己變美，問題在於要如何脫掉那些不美的；問題不在於學習如何成為自然的，問題在於如何脫掉那些不自然的。

所以請不要在你的身上加上任何東西，停止這麼做，讓你以本來的樣子存在，那就是美。一個不隱藏他的醜的人有他自己的美，一個不隱藏任何東西的人有他自己的優雅，當你泰然自若的時候，那個美、那個優雅自然會散發出來，但是有了隱藏，有了造作，即使是很美的人也會變醜。

為什麼你不能接受自己本來的樣子？只要去看動物，注意看鳥兒，牠們不會因瘦小而煩惱，也沒有什麼好挫折的，牠們是那麼的雀躍，雀躍地唱著自己的歌；河馬牠才不管你會怎麼想，你嫌牠醜也好、說牠胖也罷，牠還是那樣，用牠的大嘴，自在地吞下水草。

每個生命的誕生，都有他天賦的使命；每一個樣子，都有他的特色。幸福就是來自一種對不完美的認同。如果你能以目前的樣子來愛自己，接納自己，欣賞自己，自然就會流露出最美的特質。

所以我常說，不完美是完美的。如果你不完美，你將會有自己的特色，你將是獨一無二、無可取代的，你的不完美是那麼的完美，那麼的有你自己的味道。

自然就是美，你不需要刻意隱藏什麼，也不需要刻意去包裝，所有的醜其實都是你創造出來的。

182

懷疑選擇

Effortless Wisdom

「假如當初……，我就……」當錯誤造成了，人們總習慣這麼說，我們常會後悔過去為什麼不做另一個選擇。

你選擇某個工作，那另一個沒被選擇的，似乎比較好；你選擇跟某人在一起，那另一個沒在一起的，似乎比較好；你選擇某樣東西，那另一樣你沒選擇的，似乎總是比較好。

每當你做了某個決定，情況也是這樣，另一個決定似乎才是對的。你會後悔

為什麼當初不做那個決定，但是如果你決定採用另一個做法，就會換成原先的決定才是對的，然後你又開始後悔，為什麼你不選擇先前的那個。

你沒有選擇的會在你腦海盤旋不去，你會想：也許那個比較好，而你做錯了決定，說不定被你放棄那個才是正確的，你真是悔不當初。但如果讓你重新選擇，你真的就會滿意嗎？不，就算你真的換了選擇，你還是會懷疑你的選擇。

問題不在你選擇什麼，問題在你總是選擇後悔，問題在你總是選擇痛苦，難道你沒有別的選擇了嗎？

當你選擇一條路，就永遠無法確定選另一條路的結果，既然不確定，你又如何認定「假如當初」你選擇另一條路，就會更好？

安於當下

選擇意謂著放棄，不管你選擇了什麼，你就必須放棄什麼。

比方，你的錢只夠買一個蛋糕，當你選擇巧克力蛋糕，那就必須放棄咖啡的、奶油的、藍莓的、起司的、冰淇淋的……等各種蛋糕。

你的胃只能吃得下一個便當，當你選擇雞腿飯，那就必須放棄排骨飯、牛腩飯、三寶飯、咖哩飯……等各種便當。

你只能選擇一個，當你選擇這個女人或男人，你就必須放棄那個；你只能選

一部汽車，當你選擇這部，你就必須放棄那部；你只能選一個節目，當你選擇看這臺，你就必須放棄那臺；你只能做一件事，當你選擇做這件事，你就必須放棄那件事……，但你一直想著放棄的，問題就出在這裡。

你做這件事，卻想著那件事；你吃巧克力蛋糕，卻想著冰淇淋蛋糕；你買了轎車，卻想著休旅車；你跟這個人在一起，卻想著另一個人……這樣你怎麼可能安於當下呢？

186

Effortless Wisdom

另一個「心聲」

為什麼人心總是不安？

心只有一個，但人的內心卻分成兩個部分，如果你遵循第一個部分，另一個部分就會否定你、責罵你、懷疑你……你的心是分裂的，心當然會不安。

你注意觀察過自己嗎？你的內心就像一場內戰，不斷相互衝突、矛盾。你做了決定要去做某件事，然而當你真正做了，你可能又懷疑，「我應該去做另一件事」，所以你就去做那件事，但當你開始去做時，你可能又懊惱，「也許我不該做這個，我應該做先前的那件事才對」。

如果你答應別人某事，你會後悔：「我真傻，真是沒事找事做。」而如果你拒絕了他，你又擔心：「這樣做好嗎？他會怎麼想？我這樣會不會太不夠意思？」

另一個「心聲」總是不放過你，不管你做什麼，它都會有意見，都會指責你。除非你兩個心融為一體，你想的跟你所做的合而為一，否則你將內亂不斷，無法全心全意投入任何事，無法享受任何事，更不可能得到安寧平靜。

Effortless Wisdom

放下頭腦

想活在當下，就要先放下頭腦，頭腦沒辦法活在當下，它要不是惦記著過去就是擔心著未來，它永遠都不會在現在這一刻。

你注意一下你的現在，你現在有在想事情嗎？如果有的話，那一定是想一些已經過去，或者還未發生的事，對嗎？只要你去想，你就不可能活在當下，請問你要如何思考當下這一刻？

當你在當下時，頭腦就不存在，你怎麼可能「想」現在呢？你可以去想過

去，因為過去是記憶的一部分，那是頭腦的功能；你也可以想未來，頭腦非常擅長幻想，但頭腦無法想現在，要怎麼想?那就是為什麼許多人要學習靜坐，因為唯有停掉所有的思想，心才能靜下來，才能真正的活在當下。

如果你全然地在當下這一刻，你將會發現你頭腦消失了，如果你全然專注埧在這一刻，你就不可能被過去和未來分心，你就不可能胡思亂想。

190

活在當下

當你從辦公室回家，將辦公室的事留在辦公室，不要將它們留在你的腦袋；當你出去玩，你必須把家裡、工作和課業上的事都放下，全神貫注在當下的經驗和感覺，什麼都不想，就只是在那裡。

當你造訪一座森林，不要急著離開，你要真正的進入它，完全的融入那裡，現在，你正享受那份美好；凝視一棵樹，放鬆地與樹木擁抱，感覺它的翠綠壯麗，感覺它的生命力，全然的融入，讓你們變成了一體。

躺在草地上，迎著太陽，感覺那份溫暖輕撫你；躺在沙灘上，傾聽澎湃的浪濤，感覺那份清涼滲入你；跳進水裡，讓水濕透你，讓自己變成水花片片。

看著日落，看得非常深，以致於你消失在那個看當中；聽鳥叫聲，完全忘了自己，以致於你變成了那隻鳥；沐浴在微風中，用全身去感覺，讓你的每一個細胞、每一根纖維都隨之脈動，都隨著它們輕柔的舞動起來。

全然忘了自己，忘了舞者，完全忘了「你」在跳舞，讓自己成為那個舞；忘了旅者，完全忘了「你」在旅行，讓自己成為那個風景；忘了一切，完全忘了有關「你」的一切，讓自己完全地融入當下，融入現在你正在做的事、你正在相處的人，以及你所在的地方，那就是活在當下。

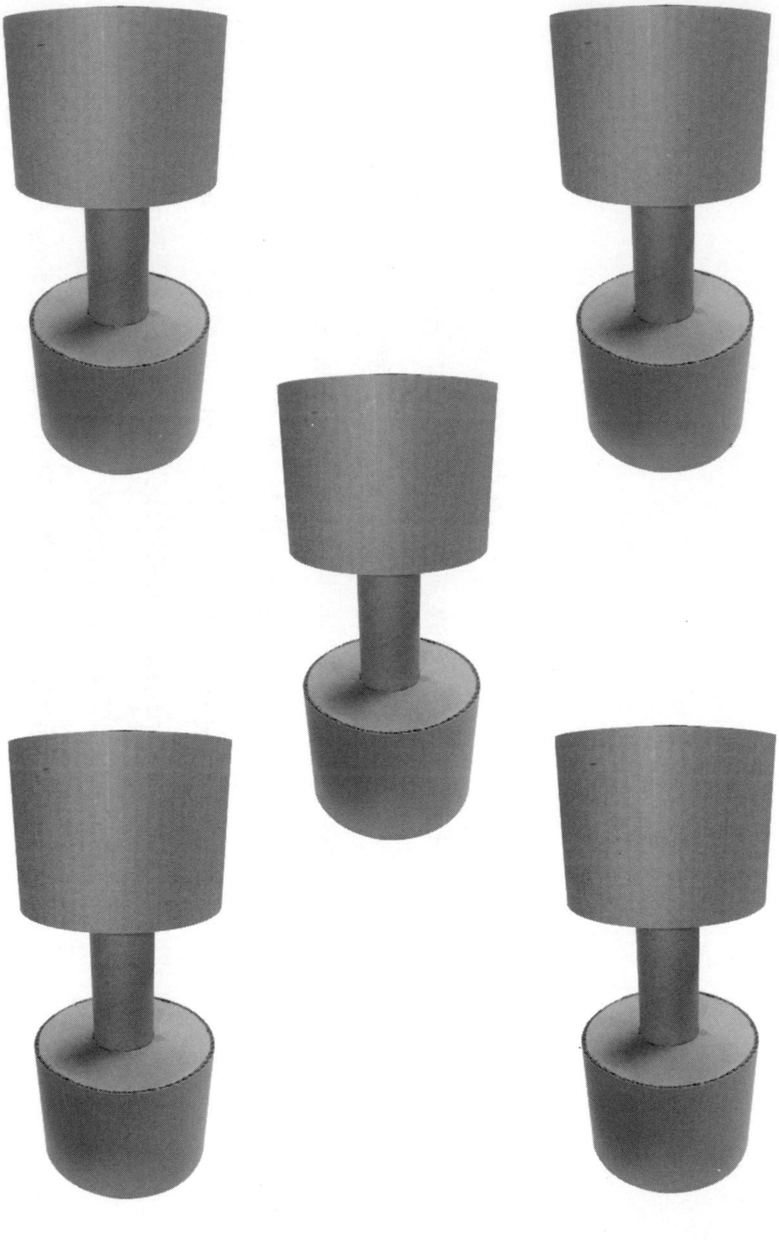

慕容承攜素饌見過　王維

紗帽烏皮几，閒居**懶**賦詩。門看五柳識，年算六身知。
靈壽君王賜，彫胡弟子炊。空勞酒食饌，持底解人頤。

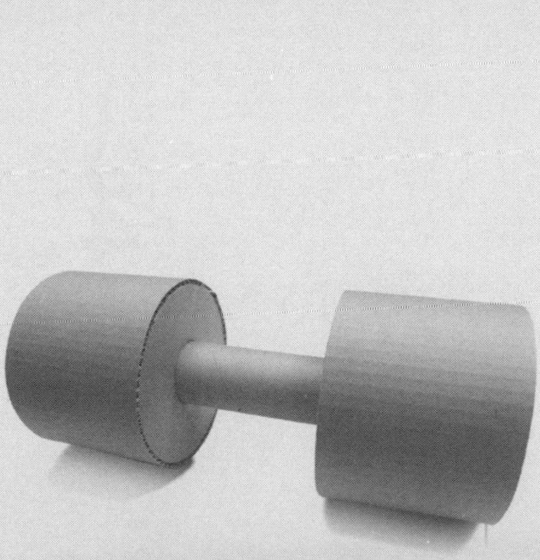

194

問題所在

煩惱是怎麼形成？恐懼怎麼形成？誤解怎麼形成？你一千零一個問題是怎麼形成的，你知道嗎？

是頭腦。頭腦喜歡想東想西，胡思亂想，頭腦以思考的形式存在，當頭腦往負面思考，那就是煩惱的由來，不是嗎？

人們常說：「某人或某事好煩。」這說法其實是不對的，製造思考形式的並不是煩惱，而是你，是你的頭腦，是你的思考造成你的煩惱。

你想過嗎？如果沒思考，你要如何煩惱？如果沒思考，你要如何恐懼？如果沒思考，你要如何誤解一個人？你能嗎？如果你不思考關於我的事情，你會對我有所誤解嗎？你怎麼能夠誤解呢？不，那是不可能的事。

如果你不思考那些問題，你會形成煩惱、憂愁、焦慮、恐懼……和一千零一個問題嗎？這怎麼可能？

頭腦才是問題所在，其他所有的問題都不過是頭腦衍生出來的。當頭腦關機，思考被關掉，那些惱人的噪音也會消失不見。

苦悶和勞累

每個人都想追求快樂，這就是造成痛苦的原因。因為追求意味著它並不是跟你在一起，如果它已經跟你在一起，你需要去追求嗎？所以，當你去追求，你將是痛苦的；你愈想追求，你就會愈痛苦。

某日，無德禪師正在院子裡鋤草，迎面來一位信徒向他施禮，問道：「人們都說佛教能夠解除人生的痛苦，但我信佛多年，卻不覺得快樂，這是怎麼回事？」

無德禪師放下鋤頭，安詳地看著他，反問道：「你現在都在忙些什麼呢？」

信徒說：「人總不能活得太平庸吧！為了光宗耀祖、功名利祿，我日夜操勞，心力交瘁。」

無德禪師笑道：「怪不得你得不到快樂，原來你心裡裝滿了苦悶和勞累，哪裡還容得下快樂呢？」

你無法透過努力來得到幸福快樂的。你的努力也許還會弄巧成拙，因為當你追求愈多，就愈勞累；當你愈期待，就會愈苦悶；你的痛苦就是這麼來的。

所以，如果你想擺脫痛苦，首先要做的就是停止「對快樂的追求」。追逐快樂就像一隻貓試圖抓住牠自己的尾巴，但當牠追得越快，尾巴也跑得越快，當你看到這種情形，你會了解它的荒謬，但是貓看不到，牠非常努力，這就是發生人們身上的情形，試圖要「追求快樂」，卻反而過得更不快樂。

198

Effortless Wisdom

最後，我放棄了

這則故事我曾經一再提到：

有一個老人，每天發牢騷，悲觀厭世，任何事情都無法讓他高興。

有一天不知怎麼地，他突然變了，變成一個樂觀、開朗、充滿喜悅的人。

朋友很好奇地問他：「是什麼原因使你突然有這麼大的變化？」

這老人答道：「我一生都過得緊張焦慮，而且經常患得患失，因為我渴望得到某些東西，我一直沒得到。最後，我放棄了，決定即使沒有得到那些東西，我

也要快樂，結果就快樂起來了。」

現實與理想之間的距離越大，你的緊張就越大，你也就越容易焦慮；距離越小，你就越放鬆，越放鬆也就越快樂。如果你跟你所想的根本沒有距離，你將安然自在，無牽無掛。

當你放下欲求、放下期待，你整個人也將跟著放鬆下來。當你不想達成任何事情，當你以現在的樣子就覺得很快樂，那不管你去到那裡，快樂都會跟著你走，你將隨處都感到幸福快樂。

20 快樂無障礙

大多數人對快樂的期待，總脫離不了我們從小到大根深柢固的想法，以為快樂必須等到有什麼「特別值得高興」的事情發生。必須是得到某個東西、獲得某個結果，或是達成某個目標和理想。

於是你給自己定出一個條件，你為快樂設下一個障礙，而你所謂的快樂，就是努力除去一個到達快樂「不必要」的障礙，當條件被達成，當快樂的障礙被移除，你覺得舒解，那舒解的感覺讓你覺得很好，很滿足，因此你就誤以為這快

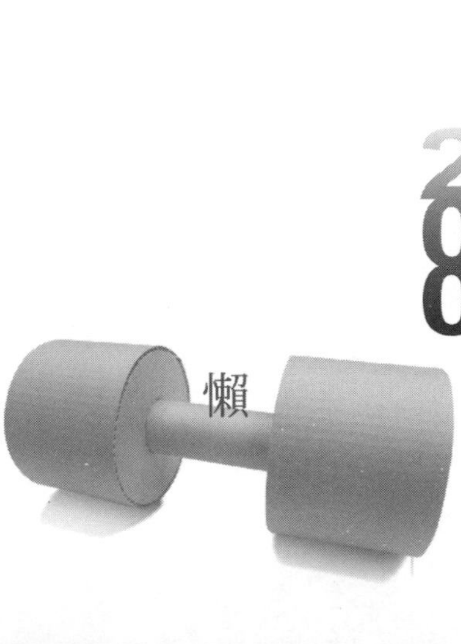

樂是來自那些目標和理想的達成，所以，你又再度設下新的條件，你又開始不快樂。

人們就是這樣失去快樂的，甚至還會覺得享受快樂是一種罪惡。「我還有那麼多的工作還沒做，有那麼多的目標沒有達成。我怎麼能享受呢？」

如果你了解的話，就不會給快樂定出條件，那是愚蠢的。快樂需要任何條件嗎？決定要快樂，現在你就可以快樂，沒有人在擋你的路。除了你的那些理想和目標之外，有人在給你阻礙嗎？

為什麼要將那些條件帶進來？

你在等什麼?

Effortless Wisdom

有一個乞丐坐在一棵樹下，有一個富翁的車子拋錨了，司機正在修理，那個富翁走出車外，看到那個乞丐很舒服地躺在樹下睡覺，就走到他旁邊，問他：

「你為什麼不工作?」

那個乞丐說：「工作，為了什麼?」

那個富翁覺得有點困惑，他說：「工作才會有錢，這你不知道嗎?」

那乞丐又問：「有錢，為了什麼?」

202

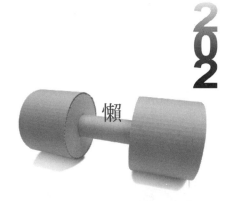

那個富翁覺得更困惑，他說：「為了什麼？為了到你年紀大的時候才可以好好休息，好好享受啊！」

「但是，」那個乞丐說：「我現在就在休息，為什麼要等到以後？為什麼要到年紀大之後才享受？你難道看不出來嗎？我現在正悠閒地享受！為什麼要等待？」

快樂是無條件的，快樂不需要更高的學歷、更多的財富、更大的房子或更好的工作。要體驗快樂，並不需要等到考上大學……等到賺夠了錢……等到結婚生子……等到退休……等到達成目標……。

試想，當你所企望的目標終於達到的時候，又是誰要你快樂的呢？根本就是你自己，不是嗎？那你還在等什麼？

貪心不足

這是一則流傳久遠的故事：

有一個農夫到鵝舍裡察看他所養的鵝是否生了蛋。出乎意料之外，他發現鵝生的蛋並非平常的蛋，而是一顆純金的蛋。拿了金蛋他立刻衝回房子，興奮地與太太分享。

從此以後這隻鵝每天都生一顆金蛋。但隨著農夫日益富裕，他變得愈加貪婪。他想：如果殺了鵝，不是一下子就可以得到所有的金蛋了嗎？誰知打開一

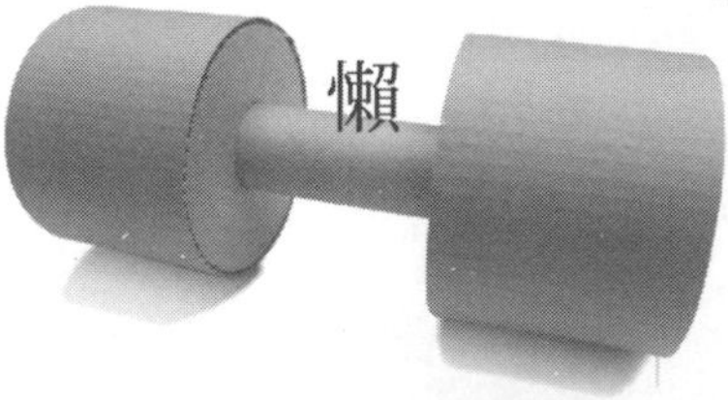

看，鵝肚子裡並沒有金蛋，鵝卻死了，再也生不出金蛋。

這寓言告訴我們：貪心不足的人將失去全部。

一個人若是太在乎利益，而無視於道義；或是太急於獲得成效，而無視於成本，最後很可能連本帶利都賠進去。

重視金蛋，無視於鵝，結果連蛋都保不住。

舊葉新枝

死亡是一個自然現象，如果樹葉不變黃。不掉下來，新鮮的樹葉就無法長出來；如果一個人不變衰老、沒有死亡，生命也就無法重生。

記得有一個週末夜晚，我去看望一位病危的婦人。她的身體和四肢因嚴重腦梗塞逐漸喪失功能和感覺。

「我想我不能再抱這孩子了，」她摟著幾個月大的孫子告訴我，她的手已變得無力且不聽使喚，「我怕這孩子一亂動，就溜了手。」

「只要勤做復健，會慢慢改善的。」我安慰她。

「一切就順其自然吧！」她沒有感傷，反倒豁達地說：「你知道嗎？第一次，當我發現手不能像往常一樣聽從使喚，那時我正好抱著這孩子，他雀躍地舞動著小手……突然間，我領悟到這就是生命，從一代傳遞給下一代，從一雙手傳遞給另一雙手。」這是多麼讓人感悟的話，我靜默點頭。

「若沒有死亡，」一位印度大師說得對：「我們將注定永遠衰老。」舊葉新枝，葉子熟透之後自然會凋零，然後在原本的枝葉上冒出新鮮的幼芽。

死是一個結束，也是一個開始。我們走入死亡，以便更新。

208

Effortless Wisdom

有什麼好怕？

你無法害怕出生，那已經發生了，你無法再做些什麼；你也無法害怕死亡，不管你做什麼，死亡照樣發生，所以有什麼好怕的？

蘇格拉底被判了死罪，一個門徒問他：「為什麼你不害怕死亡？」

死亡已經確定，再過幾分鐘，他就必須喝下毒藥，他就要死了，但是蘇格拉底說：「死是什麼？我怎麼會害怕我不知道的東西？」

「我要看一看，只有當我死了，我才能夠看。有兩種可能性，一種是我死

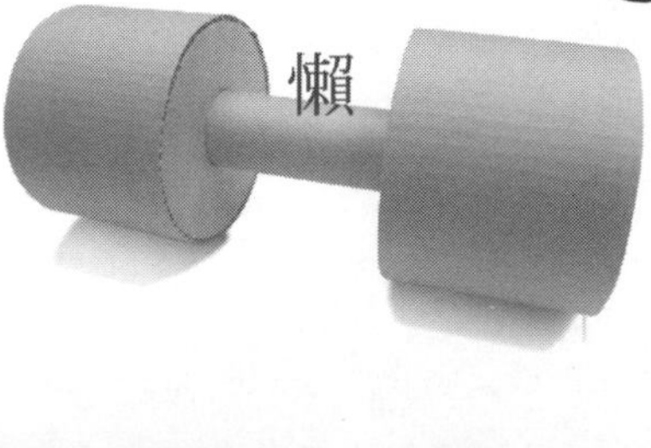

了，我完全死了，那就沒有人會去為此受苦，所以，如果第一種可能發生，那就沒有什麼好怕的。第二個可能是：我或許沒死，只是身體死了，但靈魂還在，那麼我也看不出為什麼要害怕。」

你從來沒死過，你怎麼會怕？怎麼會害怕你從未碰過的東西？你怎麼會害怕你不知道的東西呢？要害怕某個東西至少也要先知道它，對嗎？

人們怕變老、怕得癌症、怕疾病會帶來痛苦，這都可以理解的，但為什麼會怕死？死亡是如此地乾淨俐落，有什麼好怕的？它是一個很深的睡眠，一個完全放鬆的休息，這有什麼好怕的？人們真正怕的應該是「要死不死」，怕的是躺在醫院裡，一張陌生的病床，身上插滿著管子……人們怕的是這個，但是死亡呢？你見過死亡傷害過任何人嗎？

伊比鳩魯（Epicurus）說得好，他說：死亡並不可怕，我們根本不需要害怕，因為我們永遠不會碰到它。只要我們還在這兒，它就會發生；當它發生，我們就不在這兒，所以恐懼死亡是沒有意義的。

當我們還在時，就還沒死，當我們死了之後，也就不在了。既沒有知覺，也沒有痛苦，有什麼好怕的？

Effortless Wisdom

不可缺少

多年前，我還是一名總醫師，常留在醫院值班，有一晚有位企業執行長因突然昏倒而緊急送醫急救。當時，我立即幫他安排各種檢查。到了第二天，查完病房，我特別前往探視他，沒想到他竟然自行出院了。

一星期之後，他因昏倒再度被送進醫院的急診室，正巧又是由我幫他診療。當他的意識恢復時，我問他上回為何不聽醫師的話，自行出院。結果他告訴我：「我沒有時間躺在醫院，我還有很多重要的事要做……。」

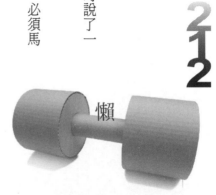

這個人竟然把工作看得比生命還重要？

"No man is indispensable."（沒有人是不可缺少的）。我告訴他，同時說了一則有關 IBM 總裁的故事給他聽——

IBM 公司的總裁湯瑪士・華生，原本就患有心臟病，有次舊病復發，必須馬上住院治療。

「我怎麼有時間呢？」華生一聽說醫生建議他住院，就像他一樣立刻焦躁地回答：「IBM 可不是一家小公司呀！每天有多少事情等著我去裁決，沒有我的話……」

「我們出去走走吧！」這位醫生沒有和他多說，親自開車邀他出去逛逛。

不久，他們就來到近郊的一處墓地。

「你我總有一天要永遠地躺在這兒的。」醫生指著一個個的墳墓說：「沒有了你，你目前的工作還是會有別人接著來做。你死後，公司仍會照常運作，不會就此關門大吉。」

華生沉默不語。

第二天，這位在美國商場上炙手可熱的總裁，就向IBM的董事會提出辭呈，並住院接受治療，出院後又過著雲遊四海的生活，而IBM真的也沒因此而倒下，至今依然是舉世聞名的大企業。

我們都坐在別人坐過的位置上。在你之前，已有無數的人來了又去，沒有誰是不可缺少的。

當你消失了

Effortless Wisdom

214

懶

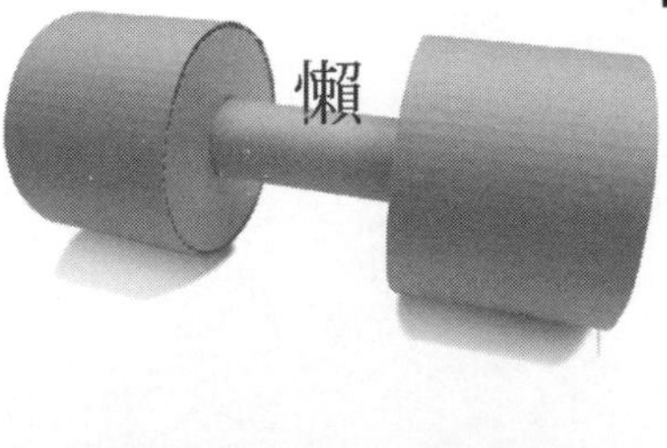

你曾想過有一天，當你消失了，這世界會變得怎麼樣嗎？

試試看，想像你現在已經不在人世了，就當自己是個鬼魂，然後回到你熟悉的地方，看看少了你會有什麼不同？鬧鐘仍準時響起，媽媽一樣在準備早點，爸爸還是在看報，孩子們依舊會準備好上學去，一切都照常進行著。

沒有了你，公司仍準時打卡，會議一樣在開，業務一樣進行，餐會依舊是那樣熱絡……所有事情一如平常繼續下去。少了你，太陽依然升起，捷運的列車依然準時發車，這世界依然運作得好好的，沒有什麼被遺漏。

這練習深具啟示，你可以每天都做，去體驗一下自己完全消失——你不在了，世界依然繼續運作。然後你就將慢慢發現，有些事，真的並非你完成不可；有什麼人，並非真的非你莫屬？有些東西，真的並非要抓住不可？

當人們死後回頭看世界時，最常問的問題將是：「當我還活著時，為什麼凡事都放不下？為什麼那麼想不開呢？」

有朝一日你會離開，終有一天你會不在，所以，何必總是忙得團團轉，沒有你，世界一樣會運作如常，那麼，何不讓自己消失一下？

Effortless Wisdom

欲速不達

記得有一次在趕論文，突然颳起一陣強風，把資料吹得四下亂飛，連桌上的水杯也打翻，桌面和地板看起就像爆炸後的書店。早知如此，剛剛起個身把窗戶關好，就不致如此狼狽。

還有一次，我因為趕著參加會議，為了省時，於是自己下廚炒飯，由於火開太猛，結果一緊張蛋掉了，鍋子也燒焦，最後還燙傷了手。事情還沒結束，當我收拾好殘局，匆忙趕到會議現場，這才發現，天哪！會議資料竟然忘了帶。

突然想起一則故事……有個人的公司設在摩天大樓的第九十九層。

一天早上，他來到大廈的一樓時，發現電梯壞了。但因重要的公事很急迫，所以他決定爬樓梯上去。

他努力地往上走，汗流浹背，如牛一般一步步喘著氣走上來，好不容易抵達第九十九樓。但當他往口袋一摸，才發現他忘了帶鑰匙。

沒錯，很多事當你一急迫，往往欲速則不達。各位看「迫」這個字是怎麼寫的？是合「白走」為迫，意思是說，凡事急迫，結局不是「白走」一趟，即是白忙一場。

就像想讓水燒開，卻迫不急待地想知道水燒開了沒，因而不停地去掀蓋子，結果妨礙了加熱，水必然更難煮沸。

有一句西藏諺語說得好：「凡事要求快、快、快，結果慢、慢、慢。」你想速度更快，結果往往變得越慢。

Effortless Wisdom

撿葡萄，掉西瓜

218

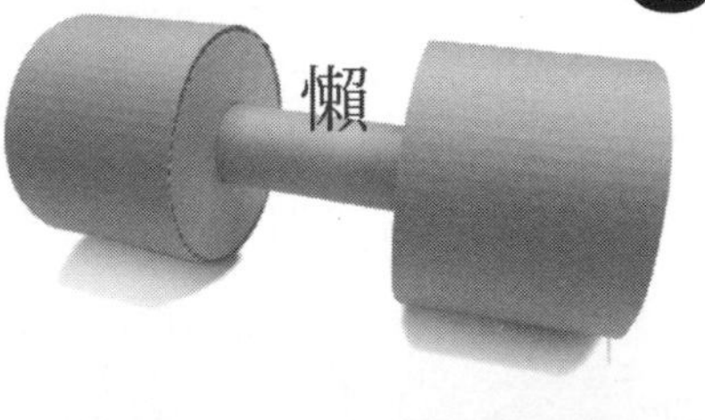

我想大多數人應該都有塞車的經驗，開車的人習慣不留空隙，以免旁邊的車切進車道，由於每輛車都緊密相連，使得所有車子在路上推推擠擠，即使短短的一段路也要花上很長的時間，而因跟太緊，沒有轉圜的餘地，只要有一輛車拋錨或發生事故，後頭的車根本動彈不得，待擠到超出道路最大負荷量時，就會發生「癱瘓」的亂象。

這情形很像暴飲暴食，肚子一下塞進太多食物，消化的機能沒有空間展開運作，就不能充分發揮消化以及新陳代謝作用，這時如果又喝飲料或吃水果，整個胃就會被堵塞，食物滯留在消化道的時間太久，就會形成各種雜質和毒素，除了造成身體的倦怠，也是許多疾病的根源。

一次把太多燃料塞進灶裡，反而把火悶熄了。人們只知道要快要多，卻很少思考更快更多之後，我們會損失什麼。

吃得剛好是享受，再多一點就變成忍受；一個時間做一件事很快樂，再多做一件就成了負擔；一個空間坐兩個人很舒適，再多一個人就太擠；放慢步調很輕鬆，再趕一點就變成匆忙……

曾有一項關於開車通勤的焦慮研究。該研究讓兩位開車者在交通尖峰時間走相同的路段，其中一位受測者被告知，開得愈快愈好，可以隨意變換車道、超車、闖黃燈等；另外一位受測者則被要求跟著車流開就可以。

結果，兩位受測者開完全程後，那位穿梭開完全程者，只比跟車流移動者快了五分鐘。但是，慢慢開的那一位，一路上輕輕鬆鬆、非常沉著；穿梭開車的那一位卻心浮氣躁、疲憊不堪。他只節省了五分鐘，可是他承受的焦慮，可能從生命中拿走更多的時間。

想想，這不是撿了葡萄，卻掉了西瓜嗎？

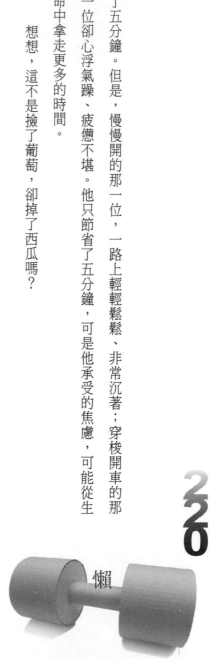

隨時有空

常有朋友約我見面或旅遊時，總是先來電話問我：「最近忙不忙？什麼時候有空？」

我總是這麼回答：「很忙！但隨時有空！」

聽起來有點矛盾，但的確是如此。說忙是因為我的時間都排滿了工作，而說隨時有空那是因為我可以自由排出時間。

或許有人會問，如果真的很忙，怎麼可能排出空閒？事實上，如果你真的忙得連一點空閒都沒有，那就更需要抽空休閒了。

美國總統應該夠忙吧！但是你看他經常跑到大衛營去渡假，而且一待就是整個星期，為什麼？沒錯，因為他太忙了。

要享受悠閒，前提還必須是個忙人，這樣才能真正感受到什麼叫「偷得浮生半日閒」。

所謂時間管理，不是把時間表排得滿滿的，或是做愈多事愈好，而是要讓自己輕鬆自在的支配時間，那樣才對。一個越是每分每秒都不浪費的人，就越不可能成為時間的主人，反而在不知不覺中成了時間的奴隸。

記住，沒有永遠的工作，只有永遠的自己。不要將工作看得太重，偶而讓自己缺席一下，隨時抽個空給自己！

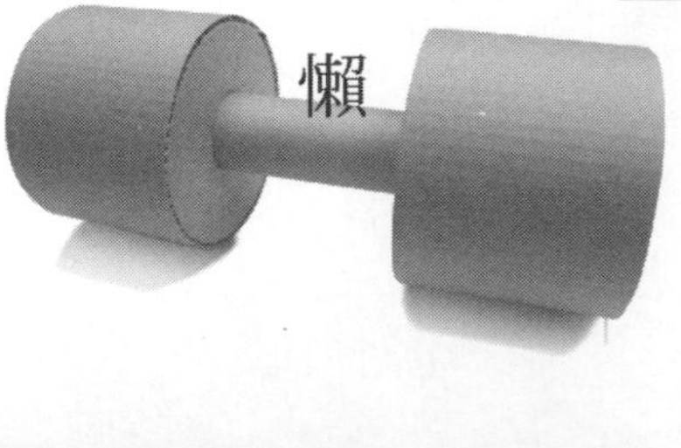

歡喜就是歡喜

Effortless Wisdom

有一個禪師在拜佛像，一個和尚來到他旁邊問道：「你為什麼要拜佛？」

「不為什麼，就是歡喜而已。」

「但是，你說過一個人無法藉著拜佛而成道，不是嗎？」

「是的。」

「那麼，你為什麼要拜佛？一定有原因！」

「什麼原因都沒有。」

「不可能，你一定是在找尋什麼，你一定有什麼目的。」

「我拜佛並不是為了任何目的。」

「那你為什麼要拜佛？你總有個理由吧！」

就在那個時候，師父跳上去給那個和尚打了一個重重的耳光！

人們非常荒謬，好像做什麼事都必須要有目的和理由，即使單純的拜佛不例外……歡喜需要什麼理由嗎？

你見過小孩毫無理由地歡笑、雀躍、跳舞嗎？他們是那麼的歡喜，因為他們「沒有目的」。如果你問他：「你那麼歡喜是為什麼？你總有理由吧！」他們會懷疑你是不是有問題：歡喜需要什麼理由？

歡喜無需理由，歡喜就是歡喜，而這個理由還不夠嗎？

無所目的

有時，我會漫無目的地閒逛，就只是閒逛。

有時，我也會跟一些無關緊要的人泡茶閒聊，就只是閒聊。

我的助理常好奇問我：「為什麼你會到處閒逛？為什麼你會花那麼多時間跟人閒聊？有什麼目的嗎？」當我說沒有，她總不相信：「你那麼忙，怎麼可能？」

忙碌的人，給自己一點悠閒，難道這也需要「有目的」嗎？

我享受那樣的悠閒，就好像小鳥在唱歌，牠需要計較唱給誰聽嗎？鳥兒在天空自由飛翔，牠需要有任何目的嗎？

當你到處閒逛，你不必試著去證明你是誰，也不必達成什麼，你可以很安然、很悠哉；當你跟一個無關緊要的人在一起，你可以很輕鬆，很自在地享受自己，並分享給別人，就這樣，當你無所目的，你很容易變得輕盈，然後開始開懷大笑。

一隻鳥在唱歌，它並不是為了要灌唱片，也不是為了讓路人讚美而唱，因為牠心裡有歌，牠唱出自己的快樂。

一朵花開，它並不是為了任何人而開，也不是為了被拿到市場上去賣或是為了參加花展而開。

花朵就只是綻放自己，即使是在無人欣賞的荒山野嶺，花兒還是自在地開花。因為開花就是它自己的喜悅，開花本身就是目的。

生命是一趟旅程，它並沒有最終的目的地，如果有的話，那就是墓地，因此，在到達那兒之前，別忘了，讓自己聞聞沿路的花香。

Effortless Wisdom

228

能動，也能懶

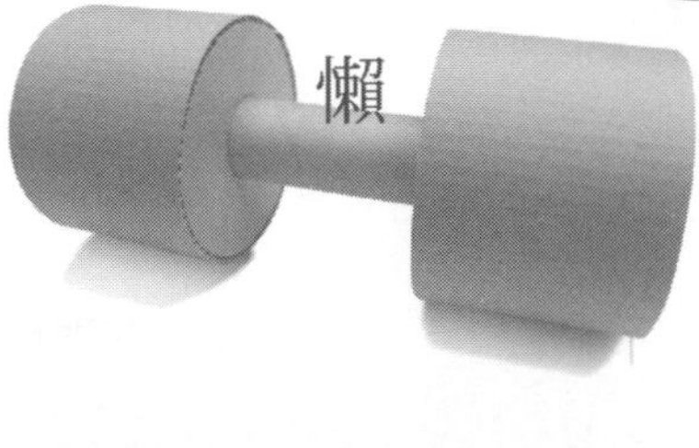

我們的社會鼓勵成功多半是沉溺於工作，不認同懶惰，認為那是在浪費時間，這完全是錯的。一個人必須同時擁有兩種能力：能動，也能懶。當你愈懶，你就變得愈放鬆，當你全然放鬆，你就會累積愈多能量，這怎麼是浪費時間呢？

晚上你睡覺，睡覺不是很浪費時間嗎？然而，如果你不睡著，那會怎麼樣，如果你犧牲睡覺，那你能省下時間做更多的事嗎？不，如果你睡眠不足，你會昏昏沉沉，整天都覺得很想睡。

當你睡得很深，你就變得更清醒，到了第二天早上起床的時候，你就好像重新被生出來一樣，非常新鮮、充滿能量，而且工作越有效率。

當然，我所謂的「懶」並不是說只要躺在那裡，什麼都不去努力，努力是需要的，只是不努力對多數人而言似乎更為必要。

汽車大王亨利．福特說：「不知工作的人，就像沒有引擎的汽車，毫無用處；只知工作而不知休息的人，猶如沒有煞車的汽車，極其危險。」行動和休息並不是對立，它們是互補的。

持續不斷地耕種，沒有休息，連土壤養分很快也會耗盡；搶先開的花朵，凋謝起來也快；長久蓄存力量的鳥兒，一旦起飛，就能夠直衝雲霄。所以，懶並不是退，而是以退為進。

人生就像溜冰，要直線加速並不是難事，多數人都辦到了，但是要溜得好就必須學會轉彎和煞車。

230

不勞而獲

Effortless Wisdom

就像一個運動員一樣，為了贏得比賽，必須勤勞努力，但是為了確保最好的表現，必須放下努力，讓身心輕鬆。「努力」與「不努力」之間必須保持平衡。

阿基米德的故事大家應該都聽過：阿基米德奉國王之命，檢查王冠是否為純金打造，但不能損壞王冠的外型。他想了又想，就是想不出可行的辦法。

最後他放棄了，他回到家裡泡澡，當他正飄飄然渾然忘我時，突然靈機一動，他領悟出物體在液體中所減輕的重量（浮力），等於它所排除的同體積液

體的重量——整個「阿基米德原理」一下子浮現在他的腦海中，他興奮地脫口喊出："Eureka!"（我找到了！）

所以，人光努力是不夠的，還必須加上「不努力」。像居禮夫人也是一樣，她連續幾年一直專注在某個問題上，嘗試很多方向去解決它，然而每個方向都失敗了。有一天晚上她精疲力竭了，她決定放棄，然而就在她放棄努力之後，反而找到答案。

德國化學家凱庫勒曾苦思苯環化學式，不可得而焦慮困頓，後來索性不管它，沒想到在乘坐公車時，解出了苯環的結構。再如諾貝爾化學獎得主梅爾文．卡文，也因「太努力」而思考打結，有一天無聊地坐在車中等候太太時，突然解開他研究多年的「光合作用」的一個難題。

美國化學家布萊特．柏格曾以諾貝爾化學獎的得主為對象，做了一份調查報告，有百分之八十七的化學家，並非在研究室中認真思考，而是在悠閒翹二郎腿的一瞬間，「神來一筆」不知怎麼靈感泉湧而出。

發現虎克定律的數學家波因卡爾，在確立假說之前，也曾碰到瓶頸，一直無法突破，直到有一天在郊外散心時才突破盲點。

富蘭克林一心想接觸雷雲層，卻苦於沒有夠高的塔。雖然利用線和長長的鐵桿似乎是不錯的主意，可是全都功敗垂成，有一天，當他偷閒在做白日夢時，突然想起放風箏的情景。而他就這樣發明避雷針。

佛陀努力了六年想要成道，但都沒有達到。有一天，他放下所有想要成道的念頭，坐在一棵樹下休息，然後事情就發生了，當他睜開眼睛時，發現他正在三摩地。又如牛頓也是坐在一棵樹下發呆，一顆蘋果掉下來打到他的頭，這才讓他發現「萬有引力定律」。

「努力加上不努力」這就是我要傳達的概念。所以當哪天你覺得自己很努力卻一無所獲時，何妨放自己一馬，說不定你也會碰上「不勞而獲」。

天黑就該休息

Effortless Wisdom

想想自然世界中安穩的節奏，潮水之漲退，四季周而復始之更替輪迴，月之盈虧，白晝到黑夜之遞進，是如此的和諧，大樹知道何時應該展露新芽，欣欣向榮，也知道何時是葉落枝枯的休息時節。

日本大導演黑澤明導過一部叫做「夢」的電影，其中有一段是以水車之鄉為背景的故事，那裡的人們過著與世無爭、樂天知命的日子，彷彿就是世外桃源，好生令人羨慕。

外來人問當地的一位老先生此間沒有電，到了晚上烏漆嘛黑的豈不是很不方便？

老先生的回答很簡單，也很發人深省。他說：「天黑了本來就是該休息的時刻啊！」

的確，天黑就該休息，三葉酢漿草的葉子都知道在白天張開、豎起，到了夜晚就會閉攏、下垂。

我們必須配合大自然節奏，而不是受到社會的生活節奏影響。套句俗話：「就算是天堂裡的天使也無法一直唱個不停，他們也要休息。」

休息就像一個又一個的逗點，有了它才會有完美的句點。

忙中偷閒

在美國，我發現即使是很窮苦的人，只要心血來潮，他就說：「工作的事暫且不管，我要釣魚去。」最忙碌的家庭主婦也會說：「碗盤和衣服都先擱一邊吧，我要出去曬曬太陽再說！」

吳詠慧的《哈佛瑣記》有這樣一段：

桑塔耶拿（George Santayana）早年曾在哈佛任教多時；有一回正授課中，夕陽從窗外斜照進來，這位哲人突發靈感，把粉筆往後一甩，說道：「我與陽光有約！」說完，即步出教室，從此放棄教職。

據說後來有人看到他在查爾斯河（Charles River）悠遊泛舟，怡然自得。

我偶爾也會設法放下工作離開幾天。每隔一段時間，我便感覺到這種需要。遠離塵囂，去陌生的地方漫遊。這使我有機會傾聽自己的心靈，洗淨俗世的牽絆。就這樣，什麼都不做，什麼都不想。

人們總是不斷地累積，無止境地在追求——等待所有的理想都實現，等待一切問題都解決，等待那顆欲求的心被填滿，大家都「太努力」了，以致遺忘了這種快意的灑脫。

把重擔卸下吧！何必急於一朝，爭於一時？忙中偷個閒，在夕照斜陽中泡一壺茶，躺在草地上曬太陽……。心情放開了，人間何處不逍遙！

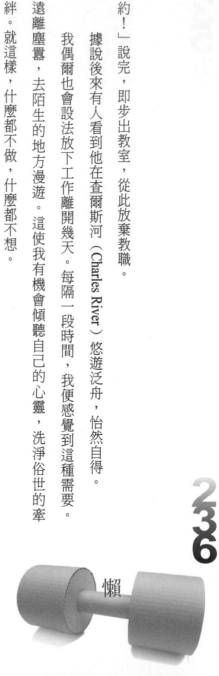

Effortless Wisdom

浪漫的前奏

曾到歐洲遊覽，看到的是國內難得一件的悠閒畫面，讓我感觸深刻。他們叫了一杯飲料，就可以在露天咖啡座泡上一整天，有的閉目養神，有的翻閱雜誌，有的一面聊天一面享受日光浴……讓人體認到「氣定神閒的自若，當下即是的安然」。

我想起張潮在《幽夢影》書中論閒說：「人莫樂於閒，非無所事事之謂也。」閒則能讀書，閒則能遊名勝，閒則能品茗，閒則能交益友，閒則能安適情

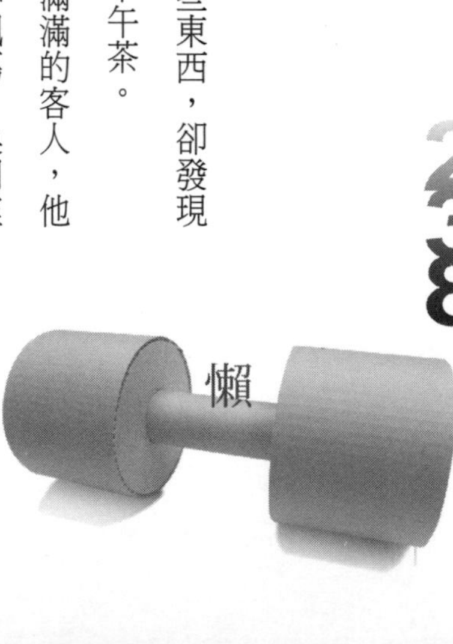

緒。人生之樂，莫過於此。

一位朋友最近到巴黎鄉下旅行，有一天下午，他想到商店買些東西，卻發現這裡的商店門都關上，後來問過當地人才知道，原來他們去享受下午茶。

法國人習慣在下午喝杯茶或咖啡，法國咖啡館是一整天都有滿滿的客人，他們在咖啡館享受從容不迫的悠閒。就像詩人惠特曼說的，要「讓心飄蕩，喚回靈魂」。緊張繁忙的生活，我們的確需要放慢腳步，讓靈魂跟上來。

很慶幸臺灣現在也漸漸有了喝下午茶的風氣，各地都可以看到，咖啡館如雨後春筍到處林立。最近，我邀請朋友一道前往一家左岸庭園咖啡，我們一邊品嘗一邊閒聊，每個人臉上洋溢著滿足的神情。顯然，四周的美景和咖啡的芳香，伴著柔和的音樂，已催化了情感，說著說著，話匣子也打開了……

望著夕陽的餘暉，看著悠閒的人們。這裡不是春天的巴黎，也不是夕陽下的象牙海岸。不過這是個起步，浪漫的前奏。

effortless
wisdom

懶得去爭。懶得去想。
懶得生氣。懶得抱怨。
懶得記仇。懶得追求。
懶得計較。正是一種不費力的智慧。

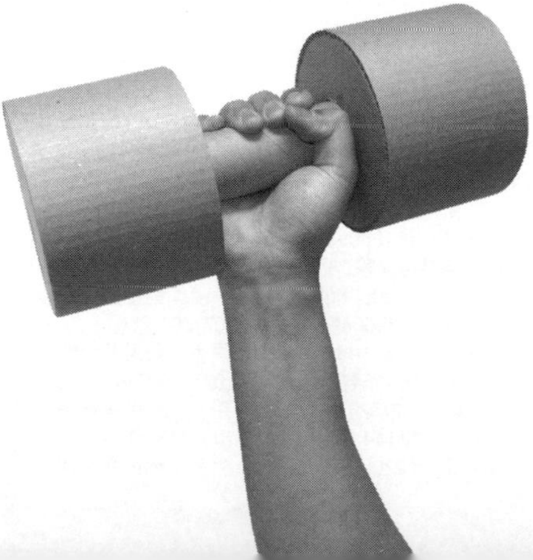